Werden Sie zum leistungsstarken CMO

Metriken, Wege und Strategien

Geschrieben von Louie Hawking
Herausgegeben vom Cornell-David Publishing House

Index

I. Einführung in die Rolle eines leistungsstarken CMO

Die Rolle eines leistungsstarken CMO verstehen

Der Chief Marketing Officer, im Folgenden als CMO bezeichnet, spielt in jeder Organisation eine herausragende Rolle und nimmt einen Platz in der Führungsebene ein, der den gleichen Stellenwert hat wie andere hochrangige Führungskräfte wie CEO, CFO und COO. Die Rolle eines CMO überwiegt jedoch bei weitem die typischen Marketingaufgaben und führt zu einer vielschichtigen Stellenbeschreibung, die nahezu alle geschäftlichen Aspekte betrifft. Es verfügt über die Beherrschung verschiedener Bereiche, die vom traditionellen Marketing über den Aufbau robuster Markennarrative, Datenanalysen, Verbrauchererlebnisse bis hin zum Verständnis digitaler und technologischer Landschaften reichen. In einer zukunftssicheren Organisation ist der CMO die Schnittstelle zwischen Technologie, Daten, Inhalten und Kreativität, die das Wachstum vorantreibt und tiefgreifende Auswirkungen auf das Geschäftsergebnis hat.

Der Begriff „leistungsstark", der in Diskussionen über Unternehmenswachstum und -strategie oft verwendet wird, ist nicht nur ein Schlagwort, sondern vielmehr eine Qualifikation, die Mittelmäßigkeit deutlich von außergewöhnlicher Leistung trennt. Dabei geht es darum, mutige, ehrgeizige Ziele zu setzen, ausgeprägte Umsetzungsfähigkeiten an den Tag zu legen, Innovationen zu fördern, ein hohes Maß an Effizienz und Effektivität zu demonstrieren und, was am wichtigsten ist, konsistent solide Geschäftsergebnisse zu liefern. Daher ist ein leistungsstarker CMO nicht nur für die Gestaltung kreativer Werbekampagnen verantwortlich, sondern auch dafür, eine starke Verbindung zwischen dem Angebot des Unternehmens und dem Zielmarkt herzustellen und sowohl den Kunden als auch dem Unternehmen einen Mehrwert zu bieten.

Allerdings ist es ein kompliziertes Rätsel, die Mittel zu verstehen, um ein leistungsstarker CMO zu werden, die sorgfältig analysiert werden müssen. Es geht darum, kontinuierlich zu lernen und sich anzupassen, den Marketingtrends immer einen Schritt voraus zu sein und den technologischen Fortschritt zu nutzen. Darüber hinaus erfordert es kluge Planung, strategische Weitsicht, Managementgeschick, unermüdlichen Drang nach Ergebnissen, außergewöhnliche Kommunikationsfähigkeiten und – die wichtigste Eigenschaft – Führung.

Der Maßstab für den Erfolg eines leistungsstarken CMOs beschränkt sich nicht nur auf subjektive Meinungen, sondern basiert im Wesentlichen auf klaren, quantifizierbaren Kennzahlen. Kundenbindungsraten, Markenbekanntheitsgrad, Social-Media-Engagement, Konversionsraten, Umsatzrente, Kapitalrendite für digitales Marketing, Kundenakquisekosten, Lifetime-Value sind einige der vielen Leistungskennzahlen, die leistungsstarke CMOs konsequent verfolgen.

Das Verständnis von Kennzahlen ist jedoch nur ein Teil der Gleichung, um ein leistungsstarker CMO zu werden. Ebenso wichtig ist es, die Wege für den Übergang von einem traditionellen CMO zu einem leistungsstarken CMO zu finden und die Strategien zu entwickeln, die dazu beitragen, dieses Leistungsniveau aufrechtzuerhalten und weiter zu verbessern.

Dieses Buch ist eine Untersuchung dieser Kennzahlen, Wege und Strategien, die den Weg zu einem leistungsstarken CMO ebnen. Es dient als Leitfaden für angehende CMOs, hilft ihnen dabei, die Wendungen ihres Karrierewegs zu meistern, stattet sie mit praktischen Werkzeugen aus und inspiriert sie mit Fallstudien aus der Praxis erfolgreicher CMOs, die durchgängig hohe Leistungen gezeigt haben.

Der Weg zum leistungsstarken CMO ist herausfordernd, aber lohnend. Es ist eine Reise, die sich für diejenigen lohnt, die mutig genug sind, sich darauf einzulassen, denn die obersten Ebenen des organisatorischen Erfolgs warten auf diejenigen, die ihr Können unter Beweis stellen. Ihre Reise beginnt hier.

Wege zum leistungsstarken Chief Marketing Officer (CMO)

Die Entwicklung der Fähigkeiten und Kompetenzen, die für den Erfolg in der Rolle des Chief Marketing Officer (CMO) erforderlich sind, ist eine Reise, die eine Kombination aus formaler Ausbildung, praktischer Erfahrung und der Verpflichtung zu kontinuierlichem Lernen und Wachstum beinhaltet. Zu den wichtigsten Wegen, die angehende CMOs in Betracht ziehen könnten, gehören:

- **Akademische Ausbildung** : Obwohl es keinen festgelegten Bildungsweg zum CMO gibt, verfügen viele Fachleute in dieser Rolle über mindestens einen Bachelor-Abschluss in Marketing, Betriebswirtschaft oder einem verwandten Bereich. Ein weiterführender Abschluss, beispielsweise ein Master of Business Administration (MBA), kann das Verständnis für

Geschäftsstrategien und den finanziellen Scharfsinn
weiter verbessern.

- **Erfahrung** : Leistungsstarke CMOs bringen oft
  umfangreiche Erfahrungen aus verschiedenen Rollen
  im Marketing mit. Dazu können Positionen wie
  Marketingmanager, Marketingdirektor oder
  Vizepräsident für Marketing gehören. Es ist
  erwähnenswert, dass der Kontakt zu verschiedenen
  Unternehmensbereichen wie Vertrieb,
  Produktentwicklung und Kundendienst wertvolle
  funktionsübergreifende Erfahrungen bieten kann.
- **Berufliche Weiterentwicklung** : CMOs müssen bei
  Marketingtrends und -technologien an der Spitze
  bleiben. Dies kann die Teilnahme an Konferenzen,
  die Teilnahme an Webinaren, das Lesen von
  Thought-Leadership-Artikeln oder die Erlangung
  professioneller Zertifizierungen umfassen.
- **Networking** : Der Aufbau und die Pflege eines
  starken professionellen Netzwerks kann
  Möglichkeiten für Mentoring, Partnerschaften und
  Einblicke in sich entwickelnde Marketingpraktiken
  bieten.

Schlüsselstrategien für den Erfolg als leistungsstarker CMO

Sobald Sie die Position erreicht haben, erfordert der Erfolg
als leistungsstarker CMO in der Regel die Konzentration auf
mehrere Schlüsselstrategien:

- **Verständnis der Geschäftslandschaft** : Ein
  genaues Verständnis der Branchenlandschaft, der
  Markttrends, des Kundenverhaltens und der
  Wettbewerbsdynamik ist von entscheidender

Bedeutung. Es ermöglicht dem CMO, Chancen und Risiken zu erkennen und Strategien entsprechend anzupassen.

- **Förderung der Kundenzentrierung** : Der CMO spielt eine zentrale Rolle dabei, sicherzustellen, dass das Unternehmen den Kunden im Mittelpunkt behält. Dies kann die Förderung von Initiativen zur Kundenerkenntnis, die Förderung kundenorientierter Strategien und die Förderung einer Kultur der Kundenbetreuung umfassen.
- **Nutzung von Daten** : Im digitalen Zeitalter müssen CMOs in der Lage sein, Daten zu nutzen, um Erkenntnisse zu gewinnen, fundierte Entscheidungen zu treffen und die Leistung zu messen. Dazu gehört das Verständnis von Datenanalysetools, die Interpretation von Daten und die Anwendung von Erkenntnissen zur Verfeinerung von Marketinginitiativen.
- **Aufbau starker Teams** : Leistungsstarke CMOs sind auch wirkungsvolle Führungskräfte. Sie investieren in die Entwicklung ihrer Teams, inspirieren ihre Teams zu Höchstleistungen und fördern ein kollaboratives, innovatives Umfeld.
- **Einfluss und Überzeugung** : CMOs müssen in der Lage sein, ihre Vision zu artikulieren und andere davon zu überzeugen, sich ihr anzuschließen. Dies erfordert ausgeprägte Kommunikationsfähigkeiten, den Aufbau von Beziehungen und die Fähigkeit, den Geschäftswert von Marketinginitiativen aufzuzeigen.

Kennzahlen, die leistungsstarke CMOs definieren

Die Bewertung der Leistung eines CMO erfordert die
Überprüfung einer Reihe von Kennzahlen. Zu den
wichtigsten Maßnahmen gehören:

- **Finanzkennzahlen** : Dazu gehören Kennzahlen wie
  Return on Marketing Investment (ROMI), Customer
  Lifetime Value (CLV) und Marktanteil. CMOs werden
  zunehmend dafür verantwortlich gemacht, zum
  Umsatzwachstum und zur Rentabilität beizutragen,
  und diese Kennzahlen geben Aufschluss über ihren
  Einfluss auf das Endergebnis.
- **Kundenmetriken** : Dazu können Kennzahlen wie
  Kundenakquisekosten (CAC), Abwanderungsrate,
  Kundenzufriedenheitswerte (CSAT) und Net Promoter
  Score (NPS) gehören. Diese Kennzahlen bieten
  Einblicke in die Wirksamkeit von Strategien zur
  Kundengewinnung und -bindung.
- **Markenmetriken** : Markenbekanntheits-, Markenwert-
  und Markenreputationsindizes bieten einen Maßstab
  für die Gesundheit und Stärke der Marke, wofür
  häufig der CMO verantwortlich ist.
- **Digitale Kennzahlen** : Im digitalen Zeitalter sind die
  Messung von Webverkehr, Absprungrate,
  Konversionsraten, Klickraten und Social-Media-
  Engagement relevante Kennzahlen. Solche
  Maßnahmen veranschaulichen den Erfolg digitaler
  Marketinginitiativen bei der Steigerung des Online-
  Engagements und der Conversions.
- **Innovationskennzahlen** : Leistungsstarke CMOs
  stehen oft an der Spitze der Innovation in ihren
  Unternehmen. Zu den Messgrößen könnten hier die
  Anzahl der eingeführten neuen Produkte oder
  Dienstleistungen, das Ausmaß der
  Marktdurchdringung dieser Innovationen und die
  Rendite der Innovationsinvestitionen gehören.

Der leistungsstarke CMO ist nicht nur ein Vermarkter, sondern ein Unternehmensleiter, der die strategischen Ziele des Unternehmens versteht, weiß, wie er Marketingaktivitäten an diesen Zielen ausrichtet und in der Lage ist, messbar zum Endergebnis beizutragen. Ein solcher CMO ist ein unverzichtbarer Aktivposten in jeder Organisation, die Wachstum und Erfolg vorantreiben möchte.

Unterabschnitt 1.1: Die Rolle eines leistungsstarken CMO verstehen

Der Chief Marketing Officer (CMO) spielt eine entscheidende Rolle bei der Gestaltung des Wachstums, des Rufs und des Gesamterfolgs eines Unternehmens. Allerdings hat sich das Umfeld, in dem sie tätig sind, in den letzten Jahrzehnten erheblich verändert, wodurch die Rolle eines leistungsstarken CMOs noch komplexer wird.

Ein leistungsstarker CMO ist eine Führungskraft, die in erster Linie für die Leitung der Marketingabteilungen, die Verwaltung von Marketingstrategien und die Förderung des Geschäftswachstums verantwortlich ist. Ihre Aufgabe ist es, eine klare und überzeugende Marketingvision, -strategie und einen Umsetzungsplan zu entwickeln. Ihre Ziele stimmen mit der umfassenderen Geschäftsstrategie des Unternehmens überein und sie konzentrieren sich auf messbare Ergebnisse, die die Wirkung ihrer Marketingbemühungen veranschaulichen.

A. Die sich verändernde Landschaft

CMOs agieren heute in einer zunehmend digitalen, datengesteuerten Welt. In der sich weiterentwickelnden Marketinglandschaft reicht es nicht mehr aus, sich auf traditionelle Marketingkanäle zu konzentrieren. Moderne CMOs müssen versierte Experten sein und ein breites Spektrum an Marketingstrategien verstehen und anwenden, darunter Content-Erstellung, Suchmaschinenoptimierung, Social-Media-Management, Markenentwicklung, Datenanalyse und Reporting und mehr.

Von dem leistungsstarken CMO wird außerdem erwartet, dass er fortschrittliche Technologien wie künstliche Intelligenz und maschinelles Lernen nutzt, um Marketingbemühungen zu automatisieren und zu verbessern. Für CMOs ist es außerdem wichtig, über neue Trends und Möglichkeiten auf dem Laufenden zu bleiben, etwa personalisiertes Marketing, Kundenerlebnisse und die Schaffung einer 360-Grad-Sicht auf die Customer Journey.

B. Die Bedeutung von Metriken

Auch die Erfolgsmessung eines leistungsstarken CMO hat sich erheblich verändert. Traditionell wurde der Erfolg eines CMO anhand von „Vanity-Metriken" wie der Anzahl der gewonnenen neuen Benutzer oder der Anzahl der Website-Besuche gemessen. Obwohl diese Kennzahlen wertvoll sind, liefern sie kein vollständiges Bild der Marketingleistung und der Auswirkungen auf das Endergebnis des Unternehmens.

Heutzutage müssen sich CMOs auf „Impact-Metriken" konzentrieren, die die tatsächlichen Auswirkungen von Marketingaktivitäten auf die Geschäftsergebnisse aufzeigen. Dazu können Kennzahlen wie Kundenakquisekosten (CAC), Customer Lifetime Value (CLTV), Return on Marketing Investment (ROMI) und Net Promoter Score (NPS) gehören.

Darüber hinaus sollten CMOs auch Datenanalysetools nutzen, die eine ausgefeilte Messung und Verfolgung dieser Kennzahlen ermöglichen. Sie sollten diese Erkenntnisse nutzen, um zukünftige Marketingstrategien zu optimieren und dem Rest der Organisation den Wert ihrer Arbeit zu beweisen.

C. Wege zum leistungsstarken CMO

Es gibt mehrere Wege, ein leistungsstarker CMO zu werden. Ein effektiver CMO erfordert heute eine dynamische Mischung von Fähigkeiten, darunter Führungsqualitäten, ausgeprägte analytische Fähigkeiten, strategisches Denken, technische Fähigkeiten und Verständnis für das Verbraucherverhalten.

Der Aufbau dieser Fähigkeiten erfordert oft einen abwechslungsreichen Karriereweg, der verschiedene Rollen und Abteilungen innerhalb einer Organisation umfasst. Ein CMO muss verschiedene Facetten des Unternehmens verstehen, um die Marketingziele mit den allgemeinen Geschäftszielen in Einklang zu bringen.

Viele erfolgreiche CMOs haben auch einen Hintergrund in Bereichen außerhalb des Marketings, beispielsweise im Vertrieb, in der IT oder im Kundenservice. Diese funktionsübergreifende Erfahrung hilft CMOs zu verstehen, wie Marketing mit anderen Teilen des Unternehmens interagiert und sich auf das Endergebnis auswirkt.

D. Erfolgsstrategien

Obwohl jede Organisation und ihr Kontext einzigartig sind, steigern einige allgemeine Strategien häufig die Effektivität eines leistungsstarken CMO:

- **Entwicklung eines kundenorientierten Ansatzes** : Ein leistungsstarker CMO ist jemand, der den Kunden in den Mittelpunkt aller Marketinginitiativen stellt. Diese Person versteht die Schwachstellen, Vorlieben und Bedürfnisse des Kunden in allen Phasen des Kundenlebenszyklus.
- **Aufbau eines starken, agilen Marketingteams** : Ein CMO ist nur so erfolgreich wie das Team um ihn herum. Der Aufbau eines effektiven Marketingteams ist von entscheidender Bedeutung und es muss sichergestellt werden, dass das Team schnell auf Veränderungen in der Marktlandschaft reagieren kann.
- **Aufbau einer einflussreichen Präsenz in der Vorstandsetage** : CMOs müssen in der Lage sein, andere Führungskräfte in der Organisation zu beeinflussen und sich für die Ressourcen und Unterstützung einzusetzen, die ihre Teams benötigen.
- **Verpflichtung zu kontinuierlichem Lernen und beruflicher Weiterentwicklung** : Um in der sich schnell entwickelnden Marketinglandschaft auf dem Laufenden zu bleiben, sollten sich leistungsstarke CMOs zum lebenslangen Lernen verpflichten und regelmäßig nach Möglichkeiten zur beruflichen Weiterentwicklung suchen.

Durch das Verständnis der Rolle, Kennzahlen, Karrierewege und Strategien möchte dieses Buch als Leitfaden für angehende leistungsstarke CMOs dienen, die bereit sind, die Herausforderungen und Chancen anzunehmen, die das sich ständig verändernde Geschäftsumfeld bietet. Dies sichert nicht nur Ihren Erfolg als CMO, sondern trägt auch zum Gesamterfolg Ihres Unternehmens bei.

Enthüllung der Blaupause eines leistungsstarken CMO

Ein leistungsstarker Chief Marketing Officer (CMO) ist nicht nur jemand, der weiß, wie man Marketingstrategien entwickelt und umsetzt. Sie sind Wachstumskatalysatoren, Markenarchitekten, Kundenvertreter und Teamcoaches, die das Unternehmen in den Puls des modernen Marketings bringen können. Sie bringen Geschäftsziele mit innovativen Strategien in Einklang, bilden vielseitig engagierte Teams und treiben kontinuierlichen Fortschritt voran. Doch wie wird diese Höchstleistung erreicht, gemessen und kontinuierlich verfeinert? Das wollen wir auspacken.

Den Umfang der modernen CMO-Rolle nutzen

Der moderne CMO fungiert als entscheidende Brücke zwischen der Unternehmensleitung und der Marktlandschaft. Ihre Rolle umfasst nicht nur die Leitung von marketinggetriebenem Wachstum, sondern auch die Schaffung von Markenwerten, das Verständnis und die Gestaltung des Kundenerlebnisses, die Beherrschung von Daten und Analysen, die Förderung von Innovationen und die Förderung einer kundenorientierten Kultur im gesamten Unternehmen. Da der Marketingbereich immer technologieorientierter und kundenorientierter wird, entwickeln und erweitern sich Breite und Tiefe der CMO-Rolle.

Die richtigen Kennzahlen festlegen

Der Grundstein für eine leistungsstarke CMO-Aktivität ist die Auswahl der richtigen Kennzahlen. Um ihre Wirkung nachzuweisen und ihre Strategien zu untermauern, verlassen sich CMOs zunehmend auf ein breites Spektrum quantitativer und qualitativer Datenpunkte. Web-Traffic, Social-Media-Engagement, Lead-Conversion-Raten, Kundenakquisekosten und Return on Marketing Investment sind nur einige Beispiele für die unzähligen Analyseindikatoren, die moderne CMOs berücksichtigen. Die Abstimmung dieser Kennzahlen mit den wichtigsten Geschäftszielen und breiteren Markttrends bleibt jedoch eine zentrale Priorität und Herausforderung. Zu wissen, wie und wann die Daten zu nutzen sind und sie mit strategischen Entscheidungen in Einklang zu bringen, ist der Kern hoher Leistung.

Die richtigen Wege einschlagen: Innovation, Integration und Inspiration

Erfolg als leistungsstarker CMO ist kein Patentrezept, aber bestimmte Wege sind durchweg effektiv.

- **Innovation:** Als Innovatoren suchen CMOs ständig nach bahnbrechenden Methoden und Trends, um in einem hart umkämpften Markt an der Spitze zu bleiben. Sie gehen Risiken so weit ein, wie es notwendig ist, um kreative Ideen und Möglichkeiten zu entdecken.
- **Integration:** Als virtuose Dirigenten des Marketing-Orchesters müssen CMOs verschiedene Funktionen (wie Werbung, PR, Vertrieb, Kundenservice usw.)

harmonisch integrieren, um ein zusammenhängendes und überzeugendes Kundenerlebnis zu bieten.
- **Inspiration:** Als inspirierende Führungskräfte können CMOs ihre Teams dazu motivieren, das Undenkbare zu erreichen. Sie verstehen, dass die Motivation und Leistungsfähigkeit des Teams ebenso entscheidend sind wie Strategie und Umsetzung.

Den strategischen Weg einschlagen

Strategie ist der Kompass, der CMOs leitet. Sie beteiligen sich nicht nur, sie formulieren und leiten die Umsetzung strategischer Initiativen. Effektive Strategien basieren auf einem soliden Verständnis des Marktes und seiner Stakeholder sowie einer klaren Vision der kurz- und langfristigen Ziele des Unternehmens. Die Fähigkeit, Strategien im richtigen Moment zu ändern, sichert den Erfolg in einer dynamischen Marketinglandschaft.

Um ein leistungsstarker CMO zu werden, ist zweifellos endloses Lernen und Wachstum erforderlich. Es ist eine Reise, auf der es darum geht, sich neue Fähigkeiten anzueignen, Initiativen zur Stärkung der Fähigkeiten zu leiten, Fortschritte zu messen und signifikante Auswirkungen zu demonstrieren. In den nächsten Kapiteln dieses faszinierenden Diskurses werden wir uns eingehender mit den Techniken und Wegen befassen, die erfolgreiche CMOs nutzen, um ihre hohe Leistungsfähigkeit zu erreichen und zu behalten. Es liegt an Ihnen, sich uns anzuschließen.

1.1 Die Rolle eines leistungsstarken CMO verstehen

Ein Chief Marketing Officer (CMO) ist per Definition die Führungskraft, die dafür verantwortlich ist, die Marketing- und Werbestrategien eines Unternehmens zu überwachen und voranzutreiben, um das Geschäftswachstum zu fördern. Allerdings entwickelt sich das Narrativ für den heutigen CMO schnell weiter. Dem leistungsstarken CMO geht es nicht mehr nur darum, die Marketingaktivitäten zu überwachen. Die Rolle ist allgegenwärtiger geworden und erfordert eine Kombination aus strategischem Denker, Datenanalyst, Kundenvertreter und Trendnavigator.

Um ein leistungsstarker CMO zu werden, geht es nicht nur darum, die Kunst und Wissenschaft des Marketings zu beherrschen, sondern in hohem Maße auch darum, im Zeitalter der digitalen Transformation eine Führungsrolle effektiv zu übernehmen. Ein solcher CMO geht über die traditionellen Marketingparadigmen hinaus und nutzt vergangene Erfahrungen in Verbindung mit neuen Techniken, um unübertroffene Geschäftsergebnisse zu erzielen.

1.1.1 Umstellung auf ergebnisorientiertes Marketing

Beim modernen Marketing geht es nicht mehr darum, auffällige Kampagnen oder Jingles zu erstellen, die hängen bleiben. Es handelt sich um eine ergebnisorientierte Disziplin, bei der die Leistung des CMO häufig anhand spezifischer Geschäftskennzahlen bewertet wird. Ob Kundenakquise, Kundenbindung, Key-Account-Wachstum, Markenbekanntheit oder Gesamtumsatz – die Umsetzung dieser Kennzahlen ist ein Beweis für den Erfolg eines CMO.

1.1.2 Im Spannungsfeld zwischen Kunst und Wissenschaft

Der Aufstieg von Big Data und Analytics hat die Rolle eines CMOs erforderlich gemacht, um die Bereiche Kunst und Wissenschaft effektiv zu verbinden. Heutzutage müssen CMOs mit komplexen Datensätzen umgehen, Muster erkennen und fundierte, datengesteuerte Entscheidungen treffen können. Gleichzeitig müssen sie Kreativität zeigen, um ansprechende Kampagnen, überzeugende Markennarrative und transformative Kundenerlebnisse zu entwickeln.

1.1.3 Förderung des Kundenerlebnisses

Ein leistungsstarker CMO fördert das Kundenerlebnis (CX) innerhalb des Unternehmens. Die Rolle des CMO besteht darin, die Präferenzen und das Verhalten der Kunden zu verstehen, kundenorientierte Produkte und Kampagnen zu entwickeln und die CX-Initiativen des Unternehmens voranzutreiben. Das bedeutet, eng mit anderen Führungskräften der obersten Führungsebene zusammenzuarbeiten und die Zusammenarbeit zwischen verschiedenen Abteilungen anzuregen, um eine kundenorientierte Unternehmenskultur zu schaffen.

1.1.4 Steuerung der digitalen Transformation

Da die digitale Wirtschaft im Mittelpunkt steht, ist die Rolle des CMO von entscheidender Bedeutung bei der Steuerung der digitalen Transformation des Unternehmens. Ein leistungsstarker CMO ist heute technisch versiert und offen für Experimente mit neuen Technologien, digitalen Plattformen und Marketing-Automatisierungstools. Dieser technologische Scharfsinn ermöglicht es ihnen, die digitale Revolution als Chance zu nutzen, anstatt sie als Herausforderung zu betrachten.

Indem es die Dynamik der sich entwickelnden Marketinglandschaft erkennt, schafft dieses Kapitel die Grundlage dafür, dass der Leser die weitreichende Rolle des leistungsstarken CMO versteht. Die folgenden Abschnitte befassen sich mit den wichtigen Kennzahlen, den erforderlichen Wegen zum Erfolg und den Strategien, die zu Ergebnissen für den leistungsstarken CMO führen. Wenn Sie die folgenden Kapitel erkunden, erhalten Sie Einblicke in die Schritt-für-Schritt-Roadmap, die Sie auf dem Weg vom herkömmlichen CMO zum leistungsstarken CMO befähigt.

II. Wesentliche Kennzahlen für CMOs

Verstehen Sie Ihre wichtigsten Leistungsindikatoren (KPIs)

Beim Eintauchen in die Welt des Marketings ist es für jeden CMO (Chief Marketing Officer) wichtig, seine Key Performance Indicators (KPIs) zu verstehen und zu überwachen, da blindes Arbeiten kontraproduktiv und schädlich für das Wachstum Ihres Unternehmens sein kann. Diese Kennzahlen geben Aufschluss über die Wirksamkeit Ihrer Marketingstrategien und liefern unschätzbare Erkenntnisse darüber, was funktioniert und was nicht und wie Sie Ihre Marketinginitiativen verbessern können, um die Ziele Ihres Unternehmens zu erreichen.

Arten von KPIs für einen CMO

Es gibt zahlreiche KPIs, die eine Marketingabteilung verfolgen kann. Daher ist es wichtig, diejenigen zu identifizieren, die mit Ihren übergeordneten Geschäftszielen übereinstimmen. Hier sind einige beliebte KPIs, die die meisten CMOs berücksichtigen:

1. **Kundenakquisekosten (CAC):** Diese Kennzahl misst die durchschnittlichen Kosten für die Gewinnung eines einzelnen Kunden durch Ihre Marketingbemühungen. Es fallen alle Kosten an, die mit der Umwandlung potenzieller Kunden in zahlende Kunden verbunden sind.
2. **Kundenbindungsrate:** Dieser KPI berechnet die Rate, mit der Ihr Unternehmen seine bestehenden Kunden über einen bestimmten Zeitraum bindet.
3. **Return on Investment (ROI):** Diese wichtige Kennzahl gibt den finanziellen Gewinn an, den Ihr Unternehmen im Gegenzug für seine Marketinginvestitionen erhält. Ein positiver ROI weist auf erfolgreiche Marketingstrategien hin, während ein negativer ROI auf die Notwendigkeit einer Neuausrichtung hinweisen kann.
4. **Lead-Conversion-Rate:** Dieser KPI zeigt die Effizienz Ihrer Marketingkampagnen bei der Umwandlung von Leads in Käufer.
5. **Website-Verkehr:** Der Verkehr, den Ihre Website erhält, kann eine Fülle von Informationen über die Interaktion Ihrer Zielgruppe mit Ihren Online-Inhalten preisgeben.

Best Practices zur Nutzung von KPIs

Sobald Sie Ihre wichtigsten Kennzahlen identifiziert haben, können Sie die Grundlage für Ihre Marketingstrategie bilden. Nachfolgend finden Sie einige Best Practices für CMOs, die ihre KPIs nutzen:

- **Überwachen Sie regelmäßig:** Die Geschäftswelt entwickelt sich ständig weiter, sodass das, was vor einem Monat noch funktioniert hat, heute möglicherweise irrelevant ist. Überwachen Sie regelmäßig Ihre KPIs, um in Ihrem Ansatz relevant und agil zu bleiben.

- **Investieren Sie in Analysen:** Investieren Sie in KI-gestützte Analysetools, die detaillierte Echtzeitanalysen liefern und es Ihnen ermöglichen, datengesteuerte Entscheidungen und Prognosen zu treffen.
- **Erkenntnisse nutzen:** Daten liefern wertvolle Erkenntnisse, die genutzt werden können, um Ihre aktuellen Taktiken zu optimieren und neue zu entwickeln.
- **Fördern Sie Transparenz:** Teilen Sie Ihre KPIs mit Ihrem Team; Ein kollektives Verständnis kann die Zusammenarbeit fördern und die Leistung verbessern.

Abschluss

KPIs dienen als unschätzbare Instrumente zur Bestimmung des Erfolgs Ihrer Marketingstrategien und zur Optimierung Ihrer Kampagnen für maximale Wirkung. Sie bieten einen Fahrplan, der einem CMO beim Erreichen seiner Geschäftsziele helfen kann. Als leistungsstarker CMO ist es ein entscheidender Schritt, sich an diese Kennzahlen zu gewöhnen und sie in Ihren strategischen Prozess zu integrieren, um nachhaltiges Wachstum und Rentabilität für Ihr Unternehmen voranzutreiben. Auf diese Weise stellen Sie sicher, dass Ihre Marketingbemühungen nicht nur auf Vermutungen basieren, sondern auf gezielten Initiativen basieren, die auf datengestützten Entscheidungen basieren.

2.1 Die entscheidende Rolle wichtiger Marketingkennzahlen verstehen

Als leistungsstarker Chief Marketing Officer (CMO) ist die Beurteilung der Effektivität, Produktivität und Wirkung Ihrer Marketingbemühungen von entscheidender Bedeutung. Diese Verantwortung unterstreicht die Bedeutung von Marketingkennzahlen, die als definitive messbare Werte fungieren, die von Marketingfachleuten verwendet werden, um den Fortschritt (oder Rückschritt) einer Kampagne oder Strategie in Bezug auf bestimmte Schlüsselziele aufzuzeigen.

Modernes Marketing basiert auf einem breiten Spektrum von Zielen, Plattformen und Strategien, daher gehen die Erfolgsmaßstäbe weit über die grundlegenden Umsatzzahlen hinaus. Jede Kampagne kann auf unterschiedliche Ziele abzielen: Markensichtbarkeit, Lead-Generierung, Verkaufskonvertierung, Kundenakquise, Kundenbindung oder sogar Markentreue. Daher ist es für einen CMO notwendig, die Relevanz, Implikation und Interpretation der wichtigsten Kennzahlen zu verstehen, die als entscheidende Leistungsindikatoren dienen.

2.1.1 Umsatzerlöse

Der Umsatz ist die grundlegende Messgröße für jedes Unternehmen und bestimmt die Gesundheit, das Wachstumspotenzial und die Gesamtleistung des Unternehmens. Die Suche nach Sichtbarkeit und Verständnis dieser Kennzahl im Zusammenhang mit Marketinginitiativen kann jedoch wertvolle Einblicke in die Wirksamkeit von Marketingstrategien liefern. Durch die Verfolgung der Umsatzerlöse im Vergleich zu Marketingaktivitäten kann ein CMO die Marketingtaktiken und -strategien ermitteln, die zum Wachstum beitragen, oder diejenigen erkennen, die eine unterdurchschnittliche Leistung erbringen oder Rückgänge verursachen.

2.1.2 Kosten pro Lead (CPL)

Der Cost Per Lead misst, wie kosteneffektiv Ihre Marketingkampagnen sind, wenn es darum geht, neue Leads für Ihr Vertriebsteam zu generieren. Niedrigere durchschnittliche Kosten pro Lead sind in der Regel ein Hinweis auf eine effektivere Marketingstrategie, da sie darauf hindeuten, mehr für weniger zu erreichen. Dabei ist es wichtig, die Qualität der Leads gegen die Kosten abzuwägen. Die Kosten sind nicht immer monetär; es könnte in Zeit, Ressourcen oder Personal gemessen werden.

2.1.3 Kundenakquisekosten (CAC)

Die Customer Acquisition Cost (CAC) sind die Kosten, die damit verbunden sind, einen potenziellen Kunden zum Kauf eines Produkts/einer Dienstleistung zu überzeugen. Darin enthalten sind die Kosten für Forschung, Marketing, Zugänglichkeit usw., die zur Akquise eines neuen Kunden aufgewendet werden. Als CMO ist es das Ziel, einen niedrigeren CAC zu erreichen und gleichzeitig einen hohen Lifetime Value (LTV) pro Kunde aufrechtzuerhalten.

2.1.4 Customer Lifetime Value (CLV)

Mit dem Customer Lifetime Value können Sie den Nettogewinn vorhersagen, der der gesamten zukünftigen Beziehung mit einem Kunden zugeschrieben wird. Im Wesentlichen stellt ein hoher Customer Lifetime Value einen guten Return on Investment für Kundengewinnungsbemühungen dar. Es hilft bei der

Bestimmung, wie viel ein Unternehmen für die Akquise von Kunden ausgeben sollte und wie es bestehende Kunden binden kann.

2.1.5 Umrechnungskurse

Die Überwachung der Conversion-Raten, entweder aus Lead-to-Sale-Sicht oder im Hinblick auf kleinere Conversion-Aktionen (wie das Ausfüllen eines Formulars, die Anmeldung für einen Newsletter usw.), bietet Einblick in die Wirksamkeit des Call-to-Action Ort. Eine niedrige Conversion-Rate könnte auf ein Problem mit Ihrem Wertversprechen hinweisen oder darauf hinweisen, dass Ihre Botschaft die falsche Zielgruppe erreicht.

2.1.6 Social-Media-Kennzahlen

Social-Media-Kennzahlen – Anzahl der Follower, Likes, Shares, Kommentare, Retweets, Erwähnungen, Impressionen, Klickraten – all dies sind wichtige Indikatoren für die Leistung Ihrer Marke in den sozialen Medien. Diese Zahlen geben direktes Feedback über die Reichweite, das Engagement und den Einfluss Ihrer Marke.

2.1.7 Webanalyse

Webanalysen sind das Rückgrat des digitalen Marketings. Metriken wie Traffic, Absprungrate, Seiten pro Besuch, durchschnittliche Sitzungsdauer, organische Suche usw. bieten wichtige Einblicke in das Benutzerverhalten, die Website-Leistung und die Effektivität von Inhalten.

Zusammenfassend lässt sich sagen, dass Kennzahlen das Lebenselixier der Marketingentscheidung sind. Ohne klare, messbare Kennzahlen trifft ein CMO möglicherweise

Entscheidungen auf der Grundlage von Gefühlen oder Intuition, was zu ineffektiven Strategien, verschwendetem Budget und nicht realisiertem Geschäftspotenzial führen kann. Das Verständnis dieser wesentlichen Kennzahlen beleuchtet Wege und Strategien zur Einflussnahme und Förderung verbesserter Ergebnisse und des Unternehmenswachstums.

Kapitel 1: Die Bedeutung der Definition und Messung wichtiger Kennzahlen

In der aufregenden Welt des Marketings weiß ein leistungsstarker Chief Marketing Officer (CMO), wie wichtig es ist, Schlüsselkennzahlen zu verfolgen und auszuwerten, um Marketingkampagnen und allgemeine Geschäftsstrategien effektiv zu steuern. Kennzahlen sind das Lebenselixier eines CMOs. Sie ermöglichen nicht nur eine erfolgreiche Kampagnendurchführung, sondern liefern auch wertvolle Erkenntnisse zur Definition zukünftiger Strategien, zur Anpassung von Budgets oder zur Verbesserung der gesamten Marketingleistung.

1.1. Kundenakquisekosten (CAC)

Ein Ausgangspunkt für jeden CMO ist das Verständnis der Kundenakquisekosten, auch bekannt als CAC. Hierbei handelt es sich um die Gesamtkosten für die Neukundenakquise, einschließlich aller Vertriebs- und Marketingkosten, geteilt durch die Gesamtzahl der in diesem bestimmten Zeitraum gewonnenen Neukunden.

```
CAC = Vertriebs- und Marketingkosten / Anzahl der
gewonnenen Neukunden
```

Ein erhöhter CAC bedeutet, dass Sie mehr für die Akquise neuer Kunden ausgeben, was sich langfristig negativ auf die Rentabilität Ihres Unternehmens auswirken kann. Wenn Sie diese Kennzahl im Auge behalten, können Sie intelligentere und kostengünstigere Marketingstrategien entwickeln.

1.2. Lebenszeitwert (LTV)

Im Gegensatz zum CAC ist der Lifetime Value (LTV) eines Kunden der Gesamtumsatz, den ein Unternehmen vernünftigerweise von einem einzelnen Kundenkonto erwarten kann. Es berücksichtigt den Umsatzwert eines Kunden und vergleicht diese Zahl mit der prognostizierten Kundenlebensdauer des Unternehmens.

```
LTV = (durchschnittlicher Kaufwert x
durchschnittliche Kaufhäufigkeit) x durchschnittliche
Kundenlebensdauer
```

Unternehmen streben häufig einen höheren LTV an, um die Kundenbindung zu betonen. Leistungsstarke CMOs wissen, dass eine Erhöhung des LTV den Weg für langfristige Geschäftsleistung und Erfolg ebnet.

1.3. ROI von Marketingkampagnen

Der ROI (Return on Investment) Ihrer Marketingkampagnen ist ein absolutes Muss. Ein positiver ROI bedeutet, dass Ihre Strategie funktioniert, und ein negativer ROI bedeutet, dass es an der Zeit ist, Ihre Planungstabelle zu überdenken.

```
ROI = (Nettogewinn / Investitionskosten) x 100 %
```

Neben finanziellen Kennzahlen kommt es auch darauf an, wie gut Ihre Kampagnen die Zielgruppe erreichen und konvertieren.

1.4. Wechselkurs

Die Conversion-Rate ist eine entscheidende Kennzahl für Unternehmen jeder Größe. Ganz gleich, ob es sich bei der „Conversion" um einen Kauf, das Klicken auf einen Link oder die Anmeldung für einen Newsletter handelt: Wenn Sie wissen, wie viele Ihrer Zielgruppenmitglieder eine gewünschte Aktion ausführen, können Sie den Erfolg Ihrer Marketingstrategie auf Mikroebene bestimmen .

```
Conversion-Rate = (Anzahl der Conversions /
Gesamtbesucher) x 100 %
```

1.5. Markenbekanntheit

Die Messung der Markenbekanntheit kann quantitative (Umfragen) und qualitative (Fokusgruppen) Ansätze umfassen. Digitale Marketinglandschaften haben es einfacher gemacht, die Markenbekanntheit anhand von Social-Media-Followern, Impressionen, Erwähnungen, Shares und Likes zu messen.

Die oben genannten Kennzahlen erheben keinen Anspruch auf Vollständigkeit, und wie viel Wert ein Unternehmen auf die einzelnen Kennzahlen legt, hängt weitgehend von seinen strategischen Zielen ab. Diese Kennzahlen bieten CMOs jedoch einen Ausgangspunkt, um Daten und Erkenntnisse zu nutzen, um den Marketingerfolg voranzutreiben.

Um diese Strategien zu festigen, wenden leistungsstarke CMOs datengesteuerte Wege und Strategien an, um sicherzustellen, dass ihre Entscheidungen auf starken, zuverlässigen Daten basieren. Sie verstehen, dass es für die Aufrechterhaltung der Wettbewerbsfähigkeit entscheidend ist, kontinuierlich zu lernen, sich anzupassen und Innovationen voranzutreiben. Metriken sind schließlich die

Taschenlampe, die den Weg zum Endziel der Wertschöpfung für den Kunden und das Unternehmen beleuchtet.

Schau voraus

Im nächsten Kapitel werden wir tiefer auf die spezifischen Wege und Strategien eingehen, die erfolgreiche CMOs anwenden können, um ihre Leistung auf die nächste Stufe zu heben, indem sie diese Erkenntnisse aus Schlüsselkennzahlen nutzen.

Key Performance Indicators (KPIs) für CMOs

In diesem zunehmend datengesteuerten digitalen Zeitalter müssen CMOs die richtigen Key Performance Indicators (KPIs) verfolgen und optimieren. Diese Kennzahlen sollten nicht nur mit Ihren Marketingzielen, sondern auch eng mit den Gesamtzielen Ihres Unternehmens übereinstimmen. Hier sind entscheidende KPIs, die jeder leistungsstarke CMO verinnerlichen und in seinen strategischen Entscheidungsprozess integrieren sollte.

1. Return on Investment (ROI)

Alle Wege führen zurück zum ROI. Ganz gleich, ob es sich um eine millionenschwere Kampagne oder einen kleinen Social-Media-Vorstoß handelt: Es ist von größter Bedeutung, zu verstehen, wie viel Sie von Ihren Bemühungen zurückbekommen. Der ROI lässt sich berechnen, indem man die Investitionskosten von den Investitionsgewinnen abzieht und diese dann durch die Investitionskosten dividiert.

2. Kundenakquisekosten (CAC)

Diese Kennzahl misst, wie viel es Ihr Unternehmen kostet, einen neuen Kunden zu gewinnen. Dabei werden alle für die Konvertierung eines Leads aufgewendeten Kosten addiert und durch die Gesamtzahl der Konvertierungen dividiert. Ein hoher CAC kann auf Ineffizienzen in Ihren Marketing- oder Vertriebsprozessen hinweisen und Ihnen dabei helfen, diese zu erkennen und zu beheben.

3. Customer Lifetime Value (CLV)

Auf der anderen Seite des CAC können Sie durch das Verständnis des Lifetime-Werts eines Kunden bestimmen, wie viel Umsatz ein Kunde Ihrem Unternehmen über einen bestimmten Zeitraum bringen kann. Diese Informationen können für die Budgetierung und die Prognose des zukünftigen Wachstums von entscheidender Bedeutung sein.

4. Conversion-Raten im Verkaufstrichter

Ein genaues Verständnis dafür, wie Leads durch Ihren Verkaufstrichter wandern, ist von entscheidender Bedeutung. Jede Phase (Bewusstsein, Überlegung, Entscheidung) hat ihre eigene Conversion-Rate – den Prozentsatz der Menschen, die in die nächste Phase übergehen. Indem Sie diese Raten verfolgen, können Sie herausfinden, wo Ihr Trichter am stärksten ist oder wo Verbesserungen erforderlich sind.

5. Höhenmetriken

Diese Kennzahlen wie Markenwert und Kundenbindung sind schwieriger zu messen, aber ebenso wichtig. Diese

Kennzahlen bieten einen umfassenderen Überblick über die Gesundheit des Unternehmens und bewerten die Sichtbarkeit, den Ruf und den Grad der Kundeninteraktion des Unternehmens.

6. Net Promoter Score (NPS)

Diese Kennzahl zur Kundenbindung bewertet die Bereitschaft der Kunden, Ihr Unternehmen weiterzuempfehlen. Es kann die Kundenzufriedenheit anzeigen und Einblicke in die Kundentreue und das Wachstumspotenzial geben.

Denken Sie daran, dass es bei Kennzahlen nicht nur um Zahlen gehen sollte. Es geht darum, eine Geschichte zu erzählen, die die Entscheidungsfindung und das Geschäftswachstum unterstützt. Obwohl dies keineswegs eine erschöpfende Liste ist, bietet sie doch einen Ausgangspunkt, von dem aus jeder CMO eine personalisierte Liste von KPIs entwickeln kann, die seine individuellen Ziele, den Geschäftskontext und die Branchenbedingungen widerspiegelt.

Durch den strategischen Einsatz dieser Kennzahlen können CMOs aussagekräftige Erkenntnisse und Verbindungen gewinnen, die es ihnen letztendlich ermöglichen, ihr Unternehmen mit Zuversicht und Präzision voranzutreiben. Als leistungsstarker CMO liegt es an Ihnen, nach dem Sprichwort zu leben: „Wenn Sie es messen können, können Sie es verwalten."

Unterabschnitt: Den Wert und die Wirkung zentraler Marketingkennzahlen verstehen

In jeder Geschäftsfunktion ist Messung der Schlüssel zur Verbesserung, und das Marketing bildet hier keine Ausnahme. Als CMO wird das Verständnis der Bedeutung und Wirkung zentraler Marketingkennzahlen Ihren Entscheidungsprozess grundlegend leiten, Ihre Strategien gestalten und letztendlich den Erfolg Ihrer Marketingbemühungen bestimmen.

1. Kundenakquisekosten (CAC)

Die erste Kennzahl, die jeder CMO verstehen sollte, sind die Customer Acquisition Cost (CAC). Dabei handelt es sich um die Gesamtkosten der Neukundenakquise, einschließlich aller Marketing- und Vertriebsaspekte. Um den CAC zu berechnen, dividieren Sie den Gesamtbetrag, der für die Akquise ausgegeben wurde, durch die Anzahl der Neukunden, die in dem Zeitraum, in dem das Geld ausgegeben wurde, gewonnen wurden. Diese Kennzahl kann Einblicke in die Wirksamkeit Ihrer Marketinginitiativen liefern und als Grundlage für Budgetstrategien und Zuweisungsentscheidungen dienen.

2. Conversion-Rate

Dies ist eine weitere wichtige Kennzahl für jeden CMO. Die Conversion-Rate misst den Anteil der Besucher, die auf Ihrer Website oder im Rahmen Ihrer Marketingmaßnahmen eine gewünschte Aktion ausführen. Dies kann alles sein, von einem Kauf über die Anmeldung für einen Dienst bis hin zum Herunterladen einer Ressource. Wenn Sie Ihre Conversion-Rate im Auge behalten, können Sie die Wirksamkeit Ihrer Inhalte, Handlungsaufforderungen und Benutzererfahrung beurteilen.

3. Return on Investment (ROI)

Der ROI ist eine entscheidende Kennzahl, die die Effizienz und Rentabilität einer Investition misst. Dadurch kann ein CMO verstehen, welche Strategien, Kampagnen oder Aktivitäten zu lukrativen Ergebnissen für das Unternehmen führen. Der Zweck des Marketings besteht darin, Kundenaktionen hervorzurufen und den Umsatz zu steigern. Der ROI dient als direktes Maß für dieses Ergebnis.

4. Lebenszeitwert (LTV)

Der LTV misst den finanziellen Wert eines Kunden während seiner gesamten Beziehung zu Ihrem Unternehmen. Im Wesentlichen wird damit berechnet, wie viel Umsatz Sie von einem Kunden im Laufe seiner Beziehung zu Ihrem Unternehmen erwarten können. Ein hoher LTV ist ein Hinweis auf eine qualitativ hochwertige Akquise und gute Kundenbindungsbemühungen. LTV wird häufig mit CAC kombiniert, um die Langlebigkeit und Rentabilität von Kundenbeziehungen zu messen und zu bewerten.

5. Markenbekanntheit

Obwohl es schwieriger ist, die Markenbekanntheit quantitativ zu messen, ist sie für jeden CMO eine aussagekräftige Messgröße. Mit dieser Kennzahl können Sie die Bekanntheit Ihrer Marke bei Ihrer Zielgruppe messen. Dieses Bewusstsein kann durch Umfragen, durch die Analyse des Website-Verkehrs oder durch die Bewertung der Reichweite in sozialen Medien gemessen werden. Markenbekanntheit informiert Sie nicht nur über Ihre aktuelle Marktpräsenz, sondern liefert auch Erkenntnisse für potenzielles Wachstum.

6. Net Promoter Score (NPS)

Der NPS dient als Maß für Kundenzufriedenheit und -loyalität. Sie wird berechnet, indem Kunden auf einer Skala von 0 bis 10 gefragt werden, wie wahrscheinlich es ist, dass sie Ihre Produkte oder Dienstleistungen anderen empfehlen. Diese Kennzahl kann unschätzbare Einblicke in die Kundenzufriedenheit und das Feedback liefern und Ihnen helfen zu verstehen, was Ihre Kundentreue antreibt und wie Sie sich in Bereichen verbessern können, in denen es möglicherweise an Kundentreue mangelt.

7. Social-Media-Kennzahlen

Im Zeitalter des digitalen Marketings ist es für einen CMO unerlässlich, Social-Media-Kennzahlen wie die Anzahl der Follower, die Engagement-Rate und den Share-of-Voice zu überwachen. Diese Kennzahlen bieten Einblicke in die Online-Präsenz Ihrer Marke, das Publikumsengagement und die allgemeine Wirksamkeit der digitalen Strategie.

Die Rolle eines CMO geht weit über das Löschen von Bränden und die Entwicklung innovativer Strategien hinaus – sie erfordert eine ständige Überprüfung einer Vielzahl von Kennzahlen. Diese Kennzahlen bilden zusammen mit dem Verständnis umfassenderer Geschäftsziele den Kompass, der die Marketingstrategie leitet und das Wachstum vorantreibt. Durch die Verfolgung, Analyse und Iteration dieser Kennzahlen können Sie Ihr Marketingteam und das Unternehmen auf nachhaltigen Erfolg ausrichten.

Letztendlich ist der leistungsstarke CMO nicht nur ein Meister der Kreativität und Strategie, sondern auch ein versierter Analyst und Branchenkenner mit einem tiefen Verständnis dafür, wie man Daten nutzt, um den Erfolg voranzutreiben. Das Verständnis des Werts und der Wirkung zentraler Marketingkennzahlen ist ein entscheidender Teil dieser Reise.

III. Key Performance Indicators (KPIs) verstehen

Key Performance Indicators (KPIs) verstehen

Unterabschnitt: Nutzung von KPIs zur Gestaltung des CMO-Erfolgs

Als moderner Chief Marketing Officer (CMO) ist es wichtig, den bedeutenden Wert von Key Performance Indicators (KPIs) zu verstehen. KPIs bieten quantitative Fortschrittsmessungen und sind unschätzbare Instrumente bei strategischen Entscheidungsprozessen. Sie ermöglichen CMOs, die Wirksamkeit ihrer Strategien und Kampagnen zu messen und gleichzeitig Verbesserungsmöglichkeiten aufzudecken.

Um ein leistungsstarker CMO zu werden, ist es entscheidend, genau zu wissen, welche Indikatoren überwacht werden müssen und wie sie interagieren. Dieses Wissen bildet die Grundlage für eine kluge Entscheidungsfindung und lenkt die Marketingbemühungen des Unternehmens auf einen Weg des kontinuierlichen Wachstums und der Verbesserung.

KPIs enthüllen: Mehr als nur Kennzahlen

Handelt es sich bei KPIs lediglich um numerische Werte, die Trends im Zeitverlauf messen? Für den Uneingeweihten könnten sie wie eine Ansammlung von Statistiken erscheinen. Für einen leistungsstarken CMO sind KPIs jedoch viel mehr: Sie erzählen eine Geschichte von Erfolg oder Misserfolg, Initiative oder Stagnation, Aufstieg oder Niedergang. Sie bieten detaillierte Einblicke in das Verbraucherverhalten, Markttrends, Ressourcenallokation,

ROI und letztendlich in die Gesamtleistung Ihrer Marketingkampagnen.

KPIs anwenden: Die richtigen Indikatoren auswählen

Die richtigen KPIs zu definieren ist eine Kunst für sich. Während es verlockend ist, jede einzelne Kennzahl zu verfolgen, liegt der Schlüssel darin, diejenigen zu identifizieren, die mit den Zielen, Zielen und der Vision des Unternehmens übereinstimmen. Leistungsstarke CMOs wählen KPIs aus, die mit ihren Unternehmenszielen übereinstimmen, und tragen so zu gezielteren Marketingstrategien, effizienterer Ausrichtung und verbesserten Ergebnissen bei.

Die richtige Auswahl von KPIs hängt von Faktoren wie dem Geschäftsmodell, der Zielgruppe, der Wettbewerbslandschaft und spezifischen Marketingzielen ab. Daher gibt es keinen einheitlichen Ansatz. Während sich beispielsweise ein E-Commerce-Unternehmen möglicherweise stärker auf bestimmte Konversionsraten konzentriert, kann ein B2B-Unternehmen den Lead-Qualifizierungsquoten Priorität einräumen.

Überwachung und Analyse von KPIs: Auf dem Weg zur kontinuierlichen Verbesserung

Selbst ein leistungsstarker CMO muss nach der Definition der richtigen KPIs für eine regelmäßige Nachverfolgung und gründliche Analyse sorgen. Die Bedeutung einer regelmäßigen Überwachung kann nicht genug betont werden – sie ermöglicht es Ihnen, schnell zu erkennen, was funktioniert und was nicht, und ermöglicht so schnelle Maßnahmen bei mangelhafter Leistung oder die Ausweitung erfolgreicher Initiativen.

Aber das bloße Sammeln von Daten reicht nicht aus; Sie müssen es auch in Erkenntnisse und Maßnahmen umwandeln. Daher sind ausgefeilte Analysetechniken unerlässlich. In Verbindung mit den richtigen Methoden können diese Rohdaten in leistungsstarke, umsetzbare Strategien umwandeln. Parallel dazu kann durch das Erkennen von Mustern und das Entschlüsseln von Trends eine gezielte, datengesteuerte Strategie entwickelt werden, die zu einer verbesserten Entscheidungsfindung und besseren Marketingergebnissen führt.

Ein leistungsstarkes Tool, das leistungsstarken CMOs zur Verfügung steht, ist die prädiktive Analyse. Durch die Vorhersage zukünftiger Trends und Verhaltensweisen auf der Grundlage historischer KPI-Daten kann die prädiktive Analyse eine effektivere Zuweisung von Marketingressourcen, eine proaktive Strategieentwicklung und eine verbesserte Kampagnenleistung ermöglichen.

Die Zukunft der KPIs: Ein Wandel hin zu kundenorientierten Indikatoren

Da sich die Marketinglandschaft ständig weiterentwickelt, ändert sich auch die Art der KPIs. Das Aufkommen des digitalen Marketings hat zu einer deutlichen Verlagerung hin zu kundenzentrierten Indikatoren geführt. KPIs wie Customer Lifetime Value (CLV), Net Promoter Score (NPS), Customer Acquisition Cost (CAC) und Kundenzufriedenheitswerte geben einen besseren Hinweis auf die Wirksamkeit Ihrer Marketingbemühungen, da sie sich auf Kundenerlebnisse und deren Beziehung zu Ihrer Marke konzentrieren.

Zusammenfassend lässt sich sagen, dass das Verständnis und die effektive Nutzung von KPIs bahnbrechend sein können. Als leistungsstarker CMO ist die Beherrschung dieser Fähigkeit von entscheidender Bedeutung, um sich erfolgreich in der sich ständig weiterentwickelnden Marketinglandschaft zurechtzufinden. Ausgestattet mit den richtigen KPIs, analytischen Kompetenzen und kundenorientierten Mandaten sind CMOs besser darauf vorbereitet, das Wachstum voranzutreiben, erfolgreiche Strategien zu entwickeln und letztendlich ihr Unternehmen auf ein neues Niveau zu heben. Der Schlüssel liegt immer in den Zahlen – wenn man erst einmal weiß, wo man suchen muss.

3.1 Die Bedeutung von KPIs bei der Messung der Marketingleistung

In einer sich ständig weiterentwickelnden Geschäftslandschaft hat sich die Rolle eines CMO über die Markenführung und Werbung hinaus verändert. Zweifellos ist jetzt ein kalkulatorischer, datengesteuerter Ansatz erforderlich, bei dem das Treffen strategischer Entscheidungen auf der Grundlage empirischer Erkenntnisse ein wesentlicher Bestandteil ist. Aus diesem Grund ist das Verständnis der Key Performance Indicators (KPIs) für jeden leistungsstarken CMO von entscheidender Bedeutung.

KPIs können als messbare Werte definiert werden, mit denen der Erfolg oder das Leistungsniveau einer Organisation im Verhältnis zu wichtigen Geschäftszielen gemessen wird. Sie bieten ein quantifizierbares Mittel zur Bewertung der Wirksamkeit einer bestimmten Strategie oder Maßnahme, um über die gewünschten Geschäftsergebnisse zu entscheiden und diese zu gestalten. Für einen CMO bieten sie wertvolle Einblicke in die Präferenzen der Kunden, die Aktionen der Wettbewerber, Markttrends oder die Kampagnenleistung und erleichtern so eine fundierte Entscheidungsfindung.

3.1.1 Kern-KPIs für CMOs

Es gibt zahlreiche KPIs, die ein CMO berücksichtigen kann, aber einige stechen aufgrund ihrer direkten Auswirkung auf die Gestaltung der Marketingbemühungen eines Unternehmens als wichtige Kennzahlen heraus:

- **Kundenakquisekosten (Customer Acquisition Cost, CAC):** Dies misst die Gesamtkosten, die bei der Akquise eines neuen Kunden anfallen, und misst damit effektiv den Preis, der für die Umwandlung eines potenziellen Leads in einen Kunden anfällt. Ein niedrigerer CAC weist auf effizientes Marketing und einen gesünderen Kundenlebenszyklus hin.
- **Customer Lifetime Value (CLV):** CLV prognostiziert den Nettogewinn, der sich aus einer gesamten zukünftigen Beziehung mit einem Kunden ergibt. Ein hoher CLV zeigt Loyalität und kann durch positive Mundpropaganda zu einer organischen Kundenakquise führen.
- **Return on Marketing Investment (ROMI):** Dieser KPI misst die Effizienz der Marketingausgaben, indem er die inkrementellen finanziellen Wertsteigerungen mit dem für Marketinginitiativen ausgegebenen Betrag vergleicht.
- **Markenwert:** Auch wenn es eher qualitativer Natur ist, ist es entscheidend, den Markenwert in den Köpfen der Kunden zu messen. Dieser KPI könnte weiter dazu beitragen, das Verbraucherverhalten zu beeinflussen, den Wiedererkennungswert zu verbessern und Markenbotschafter zu schaffen.
- **Marketing Qualified Leads (MQLs):** MQLs sind potenzielle Kunden, die ein erhebliches Maß an Engagement oder Interesse gezeigt haben, aber noch zur Konvertierung herangezogen werden müssen. Eine höhere Anzahl von MQLs bedeutet effektive Marketingbemühungen im oberen Bereich.

3.1.2 Festlegung relevanter KPIs

Obwohl es eine Vielzahl von KPIs gibt, ist es wichtig, diejenigen auszuwählen, die mit den kurz- und langfristigen Zielen des Unternehmens übereinstimmen. Dieser Auswahlprozess kann je nach Branche, Zielgruppe und Produktangebot eines Unternehmens variieren.

Es ist außerdem wichtig sicherzustellen, dass KPIs greifbar, praktisch und leicht zu messen sind. Beispielsweise können nebulöse Ziele wie „Steigerung der Markenbekanntheit" in messbare Ziele wie „Steigerung des Website-Verkehrs um x %" umgewandelt werden, die überwacht und bei Bedarf angepasst werden können.

3.1.3 Verwendung von KPIs für strategische Marketingentscheidungen

KPIs dienen als Orientierungshilfe für strategische Marketingentscheidungen. Durch die Analyse von Trends und Mustern in Daten können CMOs:

- Nehmen Sie notwendige Anpassungen in Echtzeit vor, um eine Kampagne zu optimieren.
- Prognostizieren Sie die zukünftige Leistung und nehmen Sie proaktive Änderungen vor.
- Identifizieren Sie effektive Strategien und verwenden Sie sie für nachfolgende Kampagnen wieder oder optimieren Sie sie.
- Messen Sie den ROI verschiedener Marketingtools und -kanäle und verteilen Sie die Budgets möglicherweise auf die profitabelsten Bereiche.

3.1.4 Rückblick und kontinuierliche Verbesserung

Um sich kontinuierlich zu verbessern und weiterzuentwickeln, ist es für einen CMO von entscheidender Bedeutung, die ausgewählten KPIs regelmäßig zu überprüfen. Dieser Prozess hilft bei der Beurteilung, ob die aktuellen KPIs noch relevant sind und wertvolle Erkenntnisse liefern oder ob sie durch andere ersetzt werden müssen, die besser zu den aktuellen Prioritäten passen. Die Überprüfung von KPIs sollte ein iterativer Prozess sein, bei dem Ergebnisse anhand von Zielen bewertet, Erkenntnisse berücksichtigt und Strategien je nach Bedarf überarbeitet oder weiterentwickelt werden.

Zusammenfassend lässt sich sagen, dass das Verständnis und der effiziente Einsatz von KPIs CMOs neue Möglichkeiten eröffnen können, Innovationen zu entwickeln, Strategien zu entwickeln und die Wirkung ihrer Marketingrichtlinien zu verstärken. Dieses Verständnis hilft nicht nur bei der Gestaltung aktueller Marketingstrategien, sondern eröffnet auch Möglichkeiten, die Zukunft des Marketings vorherzusagen, was in der Tat ein Schlüssel zur Entwicklung eines leistungsstarken CMO ist.

A. Einführung in Key Performance Indicators (KPIs)

Als leistungsstarker Chief Marketing Officer (CMO) ist das Verständnis der wichtigsten Leistungsindikatoren (KPIs) von entscheidender Bedeutung, um Ihre Marketingstrategien effektiv messen, verfolgen und ändern zu können. KPIs sind quantifizierbare Kennzahlen, die die Leistung einer Organisation in Bezug auf ihre strategischen Ziele widerspiegeln. Sie bieten eine klare und prägnante Darstellung des aktuellen Status der Organisation und einen direkten Einblick in die Zielerreichung.

Zunächst sollten Sie ein umfassendes Verständnis Ihrer Geschäftsziele haben und wissen, wie spezifische KPIs den

Fortschritt bei der Erreichung dieser Ziele bewerten können. Dies bedeutet, dass Geschäftsziele in messbare Ergebnisse umgesetzt werden. Denken Sie daran, dass ein nützlicher KPI gut zu den Zielen der Organisation passen und für deren Erfolg von entscheidender Bedeutung sein muss.

B. Die Bedeutung von KPIs für einen CMO

KPIs dienen im Wesentlichen als Kompass für den CMO, leiten die Marketingbemühungen und stellen sicher, dass jeder unternommene Schritt mit der allgemeinen Geschäftsvision übereinstimmt. Sie:

1. Liefern Sie objektive Beweise für den Fortschritt bei der Erreichung der Geschäftsziele.
2. Helfen Sie dabei, Bereiche zu identifizieren, die verbessert werden müssen.
3. Fördern Sie die Verantwortlichkeit der Teammitglieder, indem Sie eine kennzahlgesteuerte Sicht auf die Leistung bereitstellen.
4. Erleichtern Sie umsetzbare Erkenntnisse und Entscheidungsfindung.
5. Ermöglichen Sie dem CMO, Leistungsdaten an andere Stakeholder im Unternehmen zu melden, insbesondere an den CEO und den CFO.

C. Arten von KPIs, die jeder CMO kennen sollte

1. Umsatzerlöse

Dies ist wohl einer der wichtigsten KPIs und zeigt, wie viel Einnahmen die Marketingkampagnen direkt einbringen. Die Verfolgung dieses KPIs kann dabei helfen, die Wirksamkeit Ihrer Marketingstrategien zu veranschaulichen und zu zeigen, wo möglicherweise Anpassungen erforderlich sind.

2. Kundenakquisekosten (CAC)

Dies sind die Kosten, die damit verbunden sind, einen
potenziellen Kunden zum Kauf eines Produkts/einer
Dienstleistung zu überzeugen. CAC ist eng mit dem ROI
verbunden und kann einem CMO viel über die Stärken und
Schwächen seiner Marketingkampagnen verraten.

3. Lead-Generierung

Dieser KPI gibt Aufschluss darüber, wie viele potenzielle
Kunden (Leads) die Marketingmaßnahmen anziehen. Durch
die Verfolgung von Leads können Sie Erkenntnisse darüber
gewinnen, welche Marketingkampagnen das Interesse am
effektivsten wecken.

4. Conversion-Rate

Die Conversion-Rate ist ein KPI, der den Prozentsatz der
Leads misst, die eine gewünschte Aktion (z. B. einen Kauf)
abschließen. Die Verfolgung der Conversion-Rate kann
dabei helfen, Lücken im Marketing-Trichter zu erkennen und
zu Verbesserungen der Marketingstrategien zu führen.

5. Customer Lifetime Value (CLV)

Dieser KPI misst den Nettogewinn, den das Unternehmen
mit einem bestimmten Kunden erzielt. Es hilft dem CMO zu
verstehen, ob er die richtigen Kunden anspricht und
akquiriert. Diese Kennzahl hilft, Investitionen in
Kundengewinnungs- und Treueprogramme zu rechtfertigen.

6. Social-Media-Kennzahlen

In der modernen Marketinglandschaft ist die Leistung
sozialer Medien von entscheidender Bedeutung. Zu den hier

zu überwachenden KPIs können Reichweite, Impressionen, Follower-Wachstum, Engagement und Empfehlungsverkehr zurück auf Ihre Website gehören.

D. Implementierung von KPIs

Eine effektive Umsetzung von KPIs erfordert einen systematischen Ansatz:

1. **Identifizieren Sie Ziele und Vorgaben:** Es ist von größter Bedeutung, herauszufinden, was Sie mit den Marketinginitiativen erreichen möchten, da dies als Leitfaden für die ausgewählten KPIs dient.
2. **KPIs entwickeln:** Sobald Geschäftsziele definiert sind, sollten Sie messbare KPIs ableiten, die mit diesen Zielen übereinstimmen.
3. **KPIs messen:** Die Messung von KPIs sollte genau und konsistent sein und die erhaltenen Daten sollten zuverlässig sein.
4. **Überprüfen und verfeinern:** KPIs sollten kontinuierlich auf ihre Relevanz für sich ändernde Geschäftsziele und Branchentrends überprüft und verfeinert werden. Eine regelmäßige Neubewertung vereinfacht den Bewertungsprozess und macht das Erreichen der Geschäftsziele zu einer leichter zu bewältigenden Aufgabe.

Denken Sie daran, dass es sich bei KPIs nicht um eine „Einstellen und Vergessen"-Vorstellung handelt. Kontinuierliche Messungen und Anpassungen sind erforderlich, um der sich ständig weiterentwickelnden Marketingdynamik gerecht zu werden.

Zusammenfassend lässt sich sagen, dass die Erstellung und Implementierung starker KPIs für einen leistungsstarken CMO nicht nur unerlässlich, sondern auch geschäftskritisch ist. Diese Zahlenwerte bieten Ihnen einen visuellen Überblick über die vorhandenen Marketingstrategien und deren Übereinstimmung mit den Geschäftszielen. Durch die konsequente Verfolgung und Analyse dieser KPIs können Sie nicht nur die Leistung quantifizieren, sondern auch Bereiche kennenlernen, in denen die Strategien geändert werden können, um einen besseren Nutzen zu erzielen und so die höhere Effizienz und den anhaltenden Erfolg Ihres Unternehmens sicherzustellen.

3.1 Relevante KPIs identifizieren und nutzen

Eine der Hauptaufgaben eines leistungsstarken Chief Marketing Officer (CMO) besteht darin, Key Performance Indicators (KPIs) zu identifizieren, zu messen und zu überwachen, die für die spezifischen Marketingziele seines Unternehmens relevant sind. Durch die effektive Nutzung von KPIs kann der CMO den Erfolg und die Reichweite seiner Marketinginitiativen verfolgen, die Effizienz von Marketingstrategien beurteilen und fundierte Entscheidungen für die zukünftige Marketingausrichtung des Unternehmens treffen.

Was sind Key Performance Indicators (KPIs)?

Im geschäftlichen Kontext sind Key Performance Indicators (KPIs) quantifizierbare Kennzahlen, mit denen die Leistung einer bestimmten Aktivität innerhalb eines Unternehmens über einen bestimmten Zeitraum gemessen werden soll. Sie liefern datenbasierte Belege dafür, wie gut ein Unternehmen seine wichtigsten Geschäftsziele erreicht. Für CMOs drehen sich die gewählten KPIs oft um die Marketingziele des Unternehmens wie Umsatzwachstum,

Marktanteilserweiterung, Verbraucherengagement oder Markenbekanntheit.

Auswahl Ihrer KPIs: Ein zweigleisiger Ansatz

Die Auswahl der geeigneten KPIs erfordert ein klares Verständnis des Betriebsmodells, der Zielgruppe, der Marketingstrategie und vor allem der übergeordneten Geschäftsziele Ihres Unternehmens. Bei der Auswahl Ihrer KPIs sind zwei wichtige Aspekte zu berücksichtigen.

- **Ausrichtung auf Geschäftsziele** : Ihre KPIs sollten Ihre Geschäftsziele widerspiegeln. Wenn Ihr Ziel beispielsweise darin besteht, die Markenbekanntheit zu steigern, könnten Ihre KPIs Kennzahlen wie Markenerinnerungsraten, Social-Media-Engagement und Website-Traffic umfassen.
- **Branchen-Benchmarking** : Branchen-Benchmarks bieten ein Barometer zur Messung der Leistung Ihres Unternehmens im Vergleich zu seinen Mitbewerbern. Durch den Vergleich Ihrer KPIs mit Branchenstandards können Sie verstehen, wo Ihr Unternehmen im Wettbewerbsumfeld steht.

Relevante KPIs für Ihr Unternehmen verstehen und umsetzen

Obwohl einem CMO unzählige KPIs zur Verfügung stehen, sind möglicherweise nicht alle für Ihr Unternehmen relevant. Bedeutende davon könnten sein:

- **Umsatzerlöse** : Dies misst den Nettoumsatz, der durch Marketingaktivitäten generiert wird. Ein niedriger KPI für den Umsatz könnte auf ineffektive

Marketingstrategien oder Probleme hinweisen, die zu einer geringen Konversion der Verbraucher führen.

- **Kosten pro Lead (CPL)** : CPL ist ein finanzielles Maß für die Kosten, die für jeden neu generierten Lead anfallen. Es bewertet die Kosteneffizienz von Marketingkampagnen und ist besonders relevant für Unternehmen, die sich auf digitale Marketingstrategien konzentrieren.
- **Kundenakquisekosten (CAC)** : Berechnet durch Division der Gesamtkosten für die Neukundenakquise (Marketingkosten) durch die Anzahl der im gleichen Zeitraum gewonnenen Neukunden. Dies ist eine wesentliche Kennzahl, um die finanzielle Effizienz Ihrer Marketingbemühungen zu verstehen.
- **Return on Marketing Investment (ROMI)** : ROMI veranschaulicht die Wirksamkeit der Marketingstrategie, indem es berechnet, wie viel Umsatz für jeden für Marketing ausgegebenen Dollar generiert wurde.
- **Customer Lifetime Value (CLV)** : CLV prognostiziert den Nettogewinn, der der gesamten zukünftigen Beziehung mit einem Kunden zugeschrieben wird. Es hilft Marketingabteilungen, Ressourcen den profitabelsten Kundensegmenten zuzuweisen.

Kontinuierliche Überwachung und Anpassung von KPIs

Sobald die relevanten KPIs festgelegt sind, endet die Arbeit des CMOs nicht. Es ist wichtig, diese Kennzahlen kontinuierlich zu überwachen. Veränderungen in der Branche, Markttrends oder internen Geschäftszielen erfordern möglicherweise eine Anpassung der gewählten KPIs. Tatsächlich ist die Fähigkeit, KPIs an neue Realitäten anzupassen, das Markenzeichen eines leistungsstarken CMO.

Zusammenfassend lässt sich sagen, dass die Auswahl, Nutzung und regelmäßige Überwachung der richtigen KPIs für die Umsetzung erfolgreicher Marketingstrategien von entscheidender Bedeutung ist. Daher sollte das Verständnis von KPIs als Schlüsselkomponente im Toolset eines jeden CMOs angesehen werden, der bestrebt ist, wirkungsvoll zu führen und sein Unternehmen voranzubringen.

A. Definieren wichtiger Leistungsindikatoren für CMOs

Im Bereich Marketing sind Key Performance Indicators (KPIs) ein unverzichtbares Instrument, um den Erfolg Ihrer Marketingaktivitäten zu verfolgen, zu messen und zu bewerten. KPIs sind quantifizierbare Messwerte, die zeigen, ob ein Unternehmen seine strategischen und operativen Ziele erreicht.

Als Chief Marketing Officer (CMO) haben Sie die Hauptaufgabe, Marketingstrategien zu formulieren und umzusetzen, um die Markenbekanntheit, den Marktanteil und letztendlich den Unternehmensumsatz zu steigern. Um den Fortschritt bei der Erreichung dieser Ziele genau zu messen, müssen Sie sorgfältig ausgewählte KPIs festlegen und diese regelmäßig verfolgen.

1. Warum KPIs für die Rolle des CMO wichtig sind

KPIs nehmen das Subjektive und machen es objektiv. Sie bieten dem CMO eine klare und messbare Möglichkeit, den Beitrag der Marketingabteilung zum Gesamterfolg des Unternehmens aufzuzeigen. Durch die Verfolgung dieser Indikatoren können Sie als CMO:

- Identifizieren Sie Bereiche mit Ineffizienz oder schlechter Leistung.
- Treffen Sie datenbasierte Entscheidungen und optimieren Sie Strategien zur Leistungsverbesserung.
- Demonstrieren Sie die Auswirkungen von Marketinginvestitionen auf die Geschäftsergebnisse.
- Begründen Sie die Budgetzuweisungen auf der Grundlage nachgewiesener Ergebnisse der Marketingaktivitäten.
- Fördern Sie in Ihrem Marketingteam eine Kultur der kontinuierlichen Verbesserung.

2. Identifizieren der richtigen KPIs für den CMO

Die Auswahl effektiver KPIs kann eine entmutigende Aufgabe sein. Sie müssen KPIs auswählen, die mit den Zielen Ihres Unternehmens übereinstimmen und genaue Maßstäbe für den Marketingerfolg darstellen können. Während die spezifischen KPIs je nach Branche variieren können, sind die folgenden einige gängige KPIs, die für einen CMO relevant sind:

- **Customer Acquisition Cost (CAC):** Die Kosten für die Akquise eines neuen Kunden unter Berücksichtigung aller mit Marketing und Vertrieb verbundenen Kosten.
- **Customer Lifetime Value (CLV):** Der prognostizierte Umsatz, den ein Kunde im Laufe seines Lebens generieren wird.
- **Return on Marketing Investment (ROMI):** Die Wirksamkeit von Marketingausgaben bei der Generierung neuer Umsätze.
- **Lead-Generierung: **Die Anzahl qualifizierter Leads, die durch Marketingaktivitäten generiert werden.
- **Marktanteil:** Der Teil eines Marktes, der vom Unternehmen kontrolliert wird.

- **Markenbekanntheit** und -wahrnehmung: Wie gut die Menschen in Ihrem Markt Ihre Marke verstehen und wahrnehmen.

3. KPIs verfolgen und analysieren

Es reicht nicht aus, nur Ihre KPIs zu identifizieren – Sie benötigen auch robuste Systeme, um diese zu verfolgen und zu analysieren. Stellen Sie zunächst sicher, dass Sie über ein geeignetes Managementinformationssystem (MIS) verfügen, um diese Datenpunkte zu verfolgen. Zweitens sollten Sie als CMO diese Schlüsselkennzahlen regelmäßig überprüfen, Trends analysieren und Ihre Strategien entsprechend anpassen.

Dank digitaler und analytischer Technologien ist es einfacher denn je, diese Kennzahlen genau zu verfolgen. Mit Plattformen wie Google Analytics, Tableau und HubSpot können Sie Ihre Marketingkennzahlen in Echtzeit verfolgen und detaillierte Berichte bereitstellen, die Sie bei Ihrer strategischen Entscheidungsfindung unterstützen können.

4. KPIs an den Unternehmenszielen ausrichten

Schließlich ist es wichtig sicherzustellen, dass Ihre Marketing-KPIs eng an den allgemeinen Geschäftszielen ausgerichtet sind. Mit anderen Worten: Der Erfolg des Marketingteams sollte dem Erfolg des Unternehmens entsprechen.

Um KPIs mit umfassenderen Geschäftszielen in Einklang zu bringen, nehmen Sie sich die Zeit, regelmäßig mit anderen Führungskräften und Ihrem Marketingteam zu kommunizieren und sicherzustellen, dass jeder die Ausrichtung des Unternehmens versteht, wie Marketing dazu beiträgt und wie der Erfolg gemessen wird.

Indem Sie KPIs effektiv verstehen und nutzen, werden Sie
ein leistungsfähigerer, ergebnisorientierter CMO. Denken
Sie daran, dass ein Ziel ohne Messung nur ein Wunsch ist
und KPIs für einen CMO die Möglichkeit sind,
Marketingträume in datengesteuerte Realität umzusetzen.
Ihr tiefgreifendes Verständnis von KPIs wird Ihrer Abteilung
nicht nur zum Erfolg verhelfen, sondern Sie auch als
wichtigen Akteur in der Führungsetage Ihres Unternehmens
positionieren.

IV. Strategische Wege schaffen

Ausrichtung von Marketingmaßnahmen auf Geschäftsziele

Um ein leistungsstarker CMO zu werden, ist es unerlässlich,
strategische Wege zu entwickeln, die Marketinginitiativen mit
den Geschäftszielen in Einklang bringen. Diese Verbindung
kann sicherstellen, dass Ihre Marketingbemühungen direkt
zur Rentabilität des Unternehmens beitragen, den Ruf der
Marke stärken und das Wachstum beschleunigen.

Geschäftsziele verstehen

Stellen Sie vor der Erstellung strategischer Wege sicher,
dass Sie die Geschäftsziele, die Ihr Unternehmen erreichen
möchte, vollständig verstehen. Die Ziele können von der
Erhöhung des Marktanteils des Unternehmens über die
Erschließung neuer Märkte bis hin zur Steigerung des
Umsatzes oder der Verbesserung der Kundenzufriedenheit
reichen. Zusammengenommen definieren diese Ziele die
Ausrichtung der Organisation und bilden den Maßstab für
die Erfolgsmessung der etablierten strategischen Wege.

Identifizierung der Key Performance Indicators (KPIs)

Jeder leistungsstarke CMO ist sich bewusst, wie wichtig es ist, die richtigen KPIs zu definieren und zu verfolgen. Ihre KPIs sollten die Geschäftsziele des Unternehmens widerspiegeln und quantitative Belege dafür liefern, wie gut die Marketingstrategien funktionieren. Wenn das Ziel des Unternehmens beispielsweise darin besteht, in ein neues Marktsegment vorzudringen, könnte der KPI die Anzahl der in diesem Segment gewonnenen Neukunden sein. Daher ermöglichen KPIs eine detaillierte Analyse der Kampagnenproduktivität und helfen bei datengesteuerten Entscheidungen.

Entwicklung von Marketingstrategien

Nachdem die Geschäftsziele und KPIs festgelegt sind, ist es jetzt an der Zeit, taktische Marketingstrategien zu entwickeln. Diese Strategien sollten den Geschäftszielen dienen und die gewünschten Ergebnisse erzielen. Eine schlecht konzipierte Strategie, egal wie ansprechend sie auch sein mag, verliert ihren Wert, wenn sie nicht mit den Zielen und Vorgaben des Unternehmens übereinstimmt.

Ausführungs- und Leistungsverfolgung

Nachdem Sie Ihre Marketingstrategien sorgfältig entworfen haben, ist deren Umsetzung der nächste entscheidende Schritt. Ein leistungsstarker CMO weiß, dass die Ausführungsphase ebenso wichtig ist wie die Planungsphase. Außerdem ist es notwendig, die Leistung Ihrer Strategien regelmäßig zu überwachen und zu verfolgen und bei Bedarf Anpassungen vorzunehmen. Halten Sie Ihre Pläne stets flexibel genug, um sich an die sich verändernde Marketinglandschaft anzupassen.

Stärken nutzen und Schwächen angehen

Der Schlüssel zur Schaffung strategischer Wege liegt darin, die Stärken Ihres Unternehmens effektiv zu nutzen und seine Schwächen konsequent anzugehen. Stellen Sie sicher, dass Sie die Alleinstellungsmerkmale (USPs) Ihres Unternehmens nutzen und gleichzeitig Verbesserungsmöglichkeiten ansprechen. Dieser Ansatz sorgt nicht nur dafür, dass Sie angesichts von Herausforderungen proaktiv bleiben, sondern verschafft Ihnen auch einen erheblichen Wettbewerbsvorteil.

Zusammenarbeit und Kommunikation

Unterschätzen Sie niemals die Kraft der Zusammenarbeit und Kommunikation. Die enge Zusammenarbeit mit anderen Abteilungen und die Sicherstellung, dass jeder die Marketingstrategien versteht, können ein erfolgsförderndes Umfeld schaffen. Ein leistungsstarker CMO schätzt Teamarbeit und ist sich bewusst, dass Geschäftsziele nur erreicht werden können, wenn alle effektiv zusammenarbeiten.

Um es noch einmal zusammenzufassen: Die Schaffung strategischer Wege ist keine einmalige Aufgabe, sondern ein fortlaufender Prozess. Als CMO müssen Sie agil und bereit bleiben, Ihre Strategien entsprechend dem Geschäftsumfeld neu auszurichten. Denken Sie daran, dass das Ziel darin besteht, einen Mehrwert für das Unternehmen zu schaffen und den Wert Ihrer Marketinginitiativen für die Förderung des Geschäftswachstums unter Beweis zu stellen.

IV. Strategische Wege schaffen

IV.A. Mögliche Wege entdecken

Strategische Wege sind entscheidend für die Steigerung der Marketingleistung eines Unternehmens. Sie stellen die Bandbreite an Optionen dar, die eine Organisation nutzen kann, um ihre strategischen Marketingziele zu erreichen. Ein leistungsstarker CMO (Chief Marketing Officer) muss in der Lage sein, die Möglichkeiten potenzieller Wege zu identifizieren, zu bewerten und zu nutzen.

Schritt 1: Situationsanalyse

Bevor Sie strategische Wege identifizieren, ist es notwendig, Ihre aktuelle Situation vollständig zu verstehen. Dazu gehört die Analyse bekannter Faktoren wie der aktuellen Markttrends, Ihrer Konkurrenten und wie Ihr Unternehmen innerhalb dieser Kennzahlen abschneidet. Sie müssen sich auch Ihrer Stärken und der Bereiche bewusst sein, in denen Verbesserungspotenzial besteht.

Schritt 2: Datengesteuerter Ansatz

Bei der Entdeckung potenzieller strategischer Wege ist die Nutzung von Daten von entscheidender Bedeutung. Ein leistungsstarker CMO muss sich der Bedeutung von Daten für die fundierte Strategie bewusst sein. Quantitative Daten können verwendet werden, um die aktuelle Marketingleistung und Verbesserungsaussichten besser zu verstehen, während qualitative Daten nützlich sind, um Erkenntnisse zu gewinnen, um Veränderungen zu motivieren.

IV.B. Auswahl geeigneter Wege

Sobald eine Liste potenzieller Wege identifiziert wurde, muss der CMO diese auf der Grundlage der Visionen, Ziele und Ressourcen des Unternehmens bewerten.

Schritt 1: Eignung

Bewerten Sie zunächst die Eignung jedes Weges. Dabei geht es darum, die Strategie mit der Vision und Mission des Unternehmens in Einklang zu bringen.

Schritt 2: Machbarkeit

Bewerten Sie die Machbarkeit der Strategie angesichts der Ressourcen des Unternehmens. Dies kann die Durchführung einer Kosten-Nutzen-Analyse, einer Risikobewertung oder die Untersuchung der Auswirkungen auf Personal und Ressourcen umfassen.

IV.C. Implementierung von Pfaden

Nachdem ein Weg gewählt wurde, dreht sich alles um die Umsetzung. Ein CMO sollte in der Lage sein, das Team bei der fehlerfreien Umsetzung der gewählten Strategie zu unterstützen. Allerdings ist es wichtig, nicht zu starr zu sein. Ein flexibler Ansatz kann Ihre Strategie aktuell und effektiv halten.

Schritt 1: Entwickeln Sie einen detaillierten Plan

Entwickeln Sie einen klaren und detaillierten Aktionsplan. Teilen Sie die Strategie in Aufgaben auf und weisen Sie diese Ihrem Team zu.

Schritt 2: Überwachen Sie den Fortschritt

Ebenso wichtig ist es, den Fortschritt der Strategie zu überwachen. Seien Sie darauf vorbereitet, die Strategie bei Bedarf anzupassen.

IV.D. Bewertung des Pathway-Erfolgs

Bewertungen sind ein notwendiger Aspekt jedes strategischen Planungsprozesses. Regelmäßige Bewertungen können dabei helfen, herauszufinden, was funktioniert, was nicht und welche Verbesserungspotenziale bestehen.

Schritt 1: Definieren Sie Schlüsselmetriken

Definieren Sie zunächst Schlüsselkennzahlen, anhand derer der Erfolg gemessen und bewertet wird.

Schritt 2: Daten sammeln und analysieren

Sammeln Sie Daten und analysieren Sie sie in Bezug auf diese Kennzahlen. Suchen Sie nach Mustern oder Korrelationen in den Daten, die die zukünftige Strategie beeinflussen könnten.

Insgesamt geht es auf dem Weg zu einem leistungsstarken CMO darum, ständig zu lernen und sich anzupassen. Wirklich erfolgreiche CMOs wissen, dass die Maximierung der Marketingleistung kein „einmaliges" Projekt ist, sondern ein fortlaufender Prozess, der ständige Wachsamkeit, Tests und Verfeinerung der Strategien erfordert.

IV.1. Der Prozess der Strategieformulierung

Als Chief Marketing Officer (CMO) besteht ein zentraler Bestandteil Ihrer Rolle darin, strategische Wege zu entwickeln und anzuwenden, die Ihr Unternehmen dabei unterstützen, messbare und greifbare Ergebnisse zu erzielen. Der Strategieformulierungsprozess erfordert umfangreiche Planung und kritische Aufmerksamkeit für wichtige Leistungskennzahlen. Es definiert im Wesentlichen den Fahrplan, dem Sie folgen müssen, um von einem durchschnittlichen CMO zu einem leistungsstarken CMO zu werden.

Zunächst ist es von entscheidender Bedeutung, Ihr aktuelles Geschäftsmodell, Ihren Kundenstamm und Ihre Wettbewerbslandschaft zu verstehen. Dazu gehört die Auswertung Ihrer SWOT-Analyse (Stärken, Schwächen, Chancen, Bedrohungen), Kundensegmentierung und Wettbewerbspositionierung. All diese Informationen liefern Ihnen den nötigen Kontext, um fundiertere Entscheidungen zu treffen.

IV.1.1. Identifizieren Sie wichtige Ergebnisbereiche

Identifizieren Sie die Bereiche, in denen Sie Ergebnisse liefern müssen. Dazu können die Pflege von Leads, Markenbekanntheit, Kundenzufriedenheit, Kundenbindungsraten und viele andere gehören. Die Definition dieser Key Result Areas (KRAs) ist wichtig, da sie die Grundlage für Ihre strategischen Wege bildet.

IV.1.2. Setzen Sie sich SMARTe Ziele

Der nächste entscheidende Schritt besteht darin, Ziele oder SMART-Ziele (spezifisch, messbar, erreichbar, relevant und zeitgebunden) für Ihre identifizierten Schlüsselergebnisbereiche festzulegen. SMART-Ziele stellen effektiv die Übereinstimmung zwischen Ihren

Marketingzielen und den allgemeinen Geschäftszielen sicher.

IV.1.3. Definieren Sie wichtige Leistungsindikatoren

Nachdem Sie Ihre SMART-Ziele klar definiert haben, fahren Sie mit der Festlegung der Key Performance Indicators (KPIs) fort, die den Erfolg Ihrer Ziele messen. KPIs sind quantifizierbare Messungen, die Einblick in die Leistung der Organisation im Vergleich zu ihren Zielen geben. Dieser Schritt ist entscheidend für die Erstellung einer ergebnisorientierten Strategie.

IV.1.4. Formulieren Sie umsetzbare Strategien

Nachdem Sie die oben beschriebenen Schritte ausgeführt haben, können Sie mit der Entwicklung umsetzbarer Strategien fortfahren. Nutzen Sie die Erkenntnisse aus Ihrer SWOT-Analyse und anderen Auswertungen. Denken Sie daran, dass die Strategien als Weg zur Erreichung Ihrer SMART-Ziele dienen sollten.

IV.1.5. Implementieren, überwachen und optimieren

Sobald die Strategien vorhanden sind, geht es in der nächsten Phase um die Umsetzung. Eine gründliche Überwachung der Strategien ist für den Erfolg unerlässlich. Ebenso wichtig ist es, die Flexibilität zu bewahren, Ihre Strategien basierend auf KPIs und etwaigen Änderungen im Marketingumfeld zu optimieren und anzupassen.

IV.1.6. Regelmäßige Überprüfung und Anpassung

Denken Sie daran, dass das Marketing-Terminal dynamisch ist und ständigen Veränderungen unterliegt. Unternehmen müssen sich schnell anpassen. Daher müssen Sie Ihre Strategie ständig überdenken, überprüfen und bei Bedarf anpassen. Regelmäßige Überprüfungen geben Aufschluss darüber, ob Ihre Strategien Sie zu Ihren Marketingzielen führen oder ob die umsetzbaren Schritte einer Feinabstimmung bedürfen.

Zusammenfassend lässt sich sagen, dass die Entwicklung eines leistungsstarken CMO einen klar definierten Strategiepfad erfordert. Wenn Sie die richtigen Kennzahlen im Auge behalten, klare Ziele setzen und sich an Veränderungen anpassen können, bleiben Sie relevant und sind Ihrer Konkurrenz einen Schritt voraus. Denken Sie daran, dass die Rolle des CMO in der volatilen Geschäftswelt nie konstant ist; Vielmehr entwickelt es sich kontinuierlich weiter. Ein leistungsstarker CMO zu sein bedeutet daher nicht nur, Ihr Team und Ihr Unternehmen zum Erfolg zu führen, sondern auch persönliches Wachstum und Entwicklung.

4.1 Ziele mit Strategien in Einklang bringen: Die Rolle des CMO

In der dynamischen Welt des Marketings nimmt der Chief Marketing Officer (CMO) eine Schlüsselrolle ein, die über herkömmliche Grenzen hinausgeht. Vom CMO wird erwartet, dass er gleichzeitig Visionär, Stratege, Innovator und Orchestrator ist. Sie müssen nicht nur innovative Marketingstrategien vorschlagen, um die Produkte oder Dienstleistungen des Unternehmens zu bewerben, sondern auch die Marketingziele mit den umfassenderen Zielen des Unternehmens in Einklang bringen.

Ein leistungsstarker CMO sollte in erster Linie vier wichtige Aufgaben erfüllen: Marketingstrategie formulieren, innovatives Denken fördern, starkes Markenmanagement etablieren und erheblich zur Umsatzgenerierung beitragen.

Formulierung einer Marketingstrategie

Die wichtigste Aufgabe eines leistungsstarken CMOs besteht darin, eine solide Marketingstrategie zu entwickeln, indem er Markttrends nutzt und das Kundenverhalten analysiert. Diese Strategie muss sowohl agil sein als auch im Einklang mit den langfristigen Zielen des Unternehmens stehen. Hier wird die Fähigkeit des CMOs, eine Roadmap zu erstellen, die Geschäftsziele, Marketingziele und umsetzbare Strategien miteinander verbindet, auf die Probe gestellt. Es wird empfohlen, dass der CMO eng mit dem CEO und dem Vorstand zusammenarbeitet, um eine strategische Ausrichtung festzulegen.

Förderung innovativen Denkens

In der sich schnell verändernden digitalen Landschaft ist die Förderung einer Innovationskultur keine Option mehr, sondern eine Notwendigkeit. Indem ein leistungsstarker CMO an der Spitze des technologischen Fortschritts steht, kann er neue Technologien nutzen, um das Geschäftswachstum voranzutreiben. Innovatives Denken sollte auf alle Aspekte des Marketings angewendet werden, einschließlich Produktentwicklung, Markenaufbau, Kundenservice und Markteinführung. Hier ist die Förderung einer Kultur, die das ständige Experimentieren und das Lernen aus Fehlern fördert, von entscheidender Bedeutung.

Aufbau eines starken Markenmanagements

Eine prominente und positive Markensichtbarkeit steht in direktem Zusammenhang mit erhöhtem Kundenvertrauen und nachhaltigen Einnahmequellen. Daher strebt ein leistungsstarker CMO auch die Etablierung einer starken Markenführung an. Dazu gehört eine konsistente Botschaft, die Förderung von Markenbefürwortern und die Pflege einer starken Markenerzählung, die bei den Kunden großen Anklang findet. Durch die ständige Überwachung von Markengesundheitskennzahlen wie Markenbekanntheit, Markenpräferenz und Markentreue kann ein CMO seine Markenstrategie gestalten und schärfen.

Beitrag zur Umsatzgenerierung

Ein leistungsstarker CMO ist nicht nur ein Marketingexperte, sondern auch ein Unternehmensführer. Daher müssen sie ein klares Verständnis des Umsatzmodells haben und dazu beitragen, das Umsatzwachstum voranzutreiben. Dies erstreckt sich über traditionelle Marketingaktivitäten hinaus auf Bereiche wie Vertrieb, Kundenmanagement, Preisgestaltung und Vertriebsstrategien. Durch die Zusammenarbeit mit anderen funktionsübergreifenden Führungskräften kann ein CMO eine kundenorientierte Kultur fördern, die langfristige Beziehungen und nachhaltiges Umsatzwachstum in den Vordergrund stellt.

Zusammenfassend lässt sich sagen, dass die Entwicklung eines leistungsstarken CMO einen hybriden Ansatz erfordert, der traditionelles Marketing-Know-how mit einem Verständnis der Geschäftsstrategie, einer Leidenschaft für Innovation, einer Stärke in der Markenführung und einem unermüdlichen Fokus auf Umsatzwachstum verbindet. Ein leistungsstarker CMO ist der Dreh- und Angelpunkt, der verschiedene Geschäftsfunktionen verbindet und strategische Wege für langfristigen Erfolg schafft.

Die Rolle des CMO verstehen

Um im modernen Geschäftsumfeld als CMO (Chief Marketing Officer) erfolgreich zu sein, ist ein tiefgreifendes Verständnis der sich entwickelnden Rolle des Marketings innerhalb eines Unternehmens erforderlich. Als strategischer Entscheidungsträger und Innovator wird vom CMO nicht nur erwartet, dass er Mehrwert für den Kunden schafft und liefert, sondern auch die Rentabilität und das Wachstum des Unternehmens vorantreibt. Diese entscheidende Rolle umfasst die Verwaltung einer Reihe komplexer Aufgaben – von Kundenerlebnis, digitalem Marketing, Markenaufbau, Innovation, Kundenanalyse bis hin zu Vertrieb und Channel-Mix-Management. Darüber hinaus muss ein wirklich leistungsstarker CMO außergewöhnliche Führungs- und Kommunikationsfähigkeiten aufweisen und in der Lage sein, Marketingstrategien an den umfassenderen, strategischen Zielen des Unternehmens auszurichten.

Wichtige Leistungskennzahlen für CMOs

Wie bei jeder Führungsposition wird die Leistung eines CMO anhand spezifischer Kennzahlen gemessen. Zu den wichtigsten Leistungsindikatoren für CMOs gehören Markenbekanntheit und -reputation, Kundenakquise, Konversionsraten, Kundentreue und Lifetime-Value sowie der Return on Marketing Investment (ROMI). In jüngerer Zeit spielen auch digitale Marketingkennzahlen wie Online-Traffic, Social-Media-Engagement und Suchmaschinen-Rankings eine wichtige Rolle bei der Messung des Erfolgs eines CMOs. Für CMOs ist es wichtig, diese Kennzahlen nicht nur zu verstehen, sondern sie auch mit den allgemeinen strategischen Zielen des Unternehmens in Einklang zu bringen.

Aufbau strategischer Wege

Zur Schaffung strategischer Wege gehört die Festlegung eines Kurses, der die Aktivitäten der Marketingabteilung nahtlos mit den übergeordneten strategischen Zielen der Organisation in Einklang bringt. Es erfordert ein Verständnis des Geschäftsmodells des Unternehmens, der gesamten Organisationsstrategie und der wichtigsten Geschäftsziele. Ein leistungsstarker CMO ist jemand, der strategische Wege im Marketing effektiv entwickeln und umsetzen kann, die zum Erfolg des gesamten Unternehmens beitragen.

Tiefes Verständnis des Geschäfts und der Branche

Ein entscheidender Teil der Schaffung eines strategischen Weges ist ein tiefes Verständnis des Geschäfts und der Branche des Unternehmens. Dazu gehört es, die Hauptakteure zu kennen, Markttrends zu verstehen, Wachstumschancen zu erkennen und potenzielle Herausforderungen vorherzusagen. Darüber hinaus ist ein Verständnis der Zielgruppe des Unternehmens erforderlich, einschließlich ihrer Bedürfnisse, Wünsche und Erwartungen.

Klare Marketingziele festlegen und kommunizieren

Klare Marketingziele, die mit den Geschäftszielen des Unternehmens übereinstimmen, dienen als Leitplanken, die sicherstellen, dass alle Marketingaktivitäten fokussiert und ergebnisorientiert sind. Diese Ziele sollten SMART (spezifisch, messbar, erreichbar, relevant und zeitgebunden) sein und auf allen Ebenen des Marketingteams effektiv kommuniziert werden.

Erstellen eines strategischen Marketingplans

Ein effektiver Marketingplan ist die Roadmap, die das Unternehmen beim Erreichen seiner Marketingziele leitet. Dazu gehört die Entwicklung von Strategien für Marktsegmentierung, Targeting, Positionierung und den Marketing-Mix – Produkt, Preis, Ort und Werbung.

Effektive Ressourcenzuteilung

Ressourcen sollten effektiv zugewiesen werden, um sicherzustellen, dass alle Marketingaktivitäten nicht nur durchführbar sind, sondern auch zu einem möglichst hohen Return on Investment führen. Dazu gehört die Budgetierung für jeden Aspekt der Marketingstrategie und die ständige Bewertung der Wirksamkeit der Ressourcenzuweisung.

Überwachen, messen und anpassen

Leistungsstarke CMOs überwachen den Fortschritt von Marketingkampagnen und -aktivitäten genau und messen ihren Erfolg anhand vordefinierter Ziele und KPIs. Dieser dynamische und kontinuierliche Bewertungsprozess fließt in die Marketingstrategie ein und führt bei Bedarf zu Anpassungen und Änderungen.

Führung und organisatorische Ausrichtung

Ein CMO arbeitet nicht im luftleeren Raum. Um die oben genannten Aspekte effektiv umzusetzen, muss ein leistungsstarker CMO eine integrative Führung übernehmen und sicherstellen, dass alle operativen Prozesse und Teams an der gesamten Marketingstrategie ausgerichtet sind.

Durch integrative Führung fördert der CMO eine vielfältige Kultur, die neue Ideen, Zusammenarbeit und individuelles Wachstum fördert und letztendlich zu besseren Marketingentscheidungen führt. Durch die Ausrichtung der Organisation stellt der CMO sicher, dass jedes Mitglied, unabhängig von seiner Rolle, versteht, wie seine Arbeit zum Gesamtbild der Marketingstrategie beiträgt.

Zusammenfassend lässt sich sagen, dass der Weg zu einem leistungsstarken CMO darin besteht, die Rolle zu verstehen, die richtigen Kennzahlen festzulegen und zu nutzen, strategische Wege zu schaffen sowie die Organisation zu leiten und auszurichten. Zu diesen Aspekten gehören strategisches Denken, entschlossenes Handeln, effektive Kommunikation und Führungsqualitäten. Auch wenn es überwältigend erscheinen mag, kann man mit der richtigen Vorbereitung, Selbsterkenntnis und ständiger Weiterbildung in der erfüllenden Rolle eines Chief Marketing Officer hervorragende Leistungen erbringen.

V. Führungstaktiken für CMOs

Die Rolle der emotionalen Intelligenz verstehen

Als Chief Marketing Officer (CMO) übernehmen Sie eine Führungsposition, die erheblichen Einfluss und Kontrolle über die Marketinginitiativen eines Unternehmens ausübt. Diese Position bringt zwar viel Macht und Verantwortung mit sich, kann aber auch eine Vielzahl von Herausforderungen mit sich bringen, die sich selbst für den erfahrensten Fachmann als entmutigend erweisen können. Mit den

richtigen Führungstaktiken, wie der Entwicklung emotionaler
Intelligenz, kann ein CMO diese Herausforderungen jedoch
nicht nur effektiv meistern, sondern auch transformative
Veränderungen in den Marketingbemühungen des
Unternehmens herbeiführen.

Was ist emotionale Intelligenz?

Emotionale Intelligenz, manchmal auch als EQ (Emotionaler
Quotient) bezeichnet, ist die Fähigkeit, die eigenen Gefühle
zu verstehen, zu verwalten und effektiv auszudrücken sowie
sich erfolgreich mit denen anderer auseinanderzusetzen und
mit ihnen umzugehen. Im Wesentlichen bedeutet emotionale
Intelligenz, über die Fähigkeit zu verfügen, Emotionen
wahrzunehmen, zu kontrollieren und zu bewerten – sowohl
unsere eigenen als auch die der Menschen um uns herum.
Dies ist ein entscheidender Aspekt der Führung,
insbesondere für CMOs, die häufig Teams motivieren,
Stress bewältigen, die Organisationspolitik steuern und
effektiv mit Kunden und Stakeholdern umgehen müssen.

Wie beeinflusst emotionale Intelligenz die Effektivität eines CMOs?

Untersuchungen haben gezeigt, dass emotionale Intelligenz
für den Führungserfolg doppelt so wichtig ist wie kognitive
Fähigkeiten und technische Fähigkeiten. Dies gilt
insbesondere für CMOs, deren Rolle ein hohes Maß an
zwischenmenschlicher Interaktion und Zusammenarbeit mit
verschiedenen Teams, Stakeholdern und Kunden beinhaltet.
Ein CMO mit hoher emotionaler Intelligenz kann sein
Verständnis von Emotionen nutzen, um die Menschen, mit
denen er zusammenarbeitet, positiv zu beeinflussen, die

Produktivität seines Teams zu steigern, die Beziehungsdynamik zu fördern, Entscheidungen des oberen Managements zu beeinflussen und mit Kunden zu interagieren.

Motivierende Teams

Emotional intelligente CMOs sind geschickt im Umgang mit ihren eigenen Emotionen und können auch die Emotionen ihrer Teammitglieder erkennen und beeinflussen. Indem sie Empathie zeigen, können sie die Teammoral steigern und die Zusammenarbeit und Produktivität verbessern.

Stress bewältigen

Marketingprogramme können stressig sein, mit engen Fristen und ehrgeizigen Zielen. Ein emotional intelligenter CMO ist besser in der Lage, mit seinem eigenen Stress umzugehen und kann dieses Verhalten seinem Team vorleben, was dazu beiträgt, auch angesichts von Herausforderungen ein ruhiges, produktives Umfeld zu schaffen.

Navigieren in der Organisationspolitik

Durch die Einbindung in die Entscheidungsfindung auf höchster Ebene sind CMOs häufig mit der Büropolitik konfrontiert. Emotional intelligente Führungskräfte können sich in diesen Gewässern zurechtfinden, unterschiedliche Persönlichkeiten und Motivationen verstehen, einflussreiche Verbündete kultivieren und Konflikte konstruktiv angehen.

Umgang mit Kunden und Stakeholdern

Vom Verständnis der Kundenbedürfnisse bis hin zum Umgang mit den Erwartungen der Stakeholder verbessert emotionale Intelligenz die Fähigkeit eines CMOs, starke, positive Beziehungen aufzubauen und aufrechtzuerhalten.

Fünf Komponenten emotionaler Intelligenz für CMOs

Der Psychologe Daniel Goleman, der Begründer des Konzepts der emotionalen Intelligenz, identifizierte fünf Schlüsselelemente emotionaler Intelligenz: Selbstbewusstsein, Selbstregulierung, Motivation, Empathie/Sympathie und soziale Fähigkeiten.

1. **Selbstbewusstsein** : Ein CMO mit hohem EQ ist sich seiner selbst bewusst und hat die Fähigkeit, seine eigenen Gefühle zu erkennen. Sie verstehen, wie sich ihre Emotionen auf ihre persönlichen Gedanken und Verhaltensweisen und auf andere auswirken.
2. **Selbstregulierung** : Emotional intelligente Führungskräfte können Emotionen reibungslos verwalten und kontrollieren und in Stresssituationen gute Leistungen erbringen. Sie sind bereit, Verantwortung für ihr Handeln zu übernehmen, können sich problemlos an Veränderungen anpassen und bewahren jederzeit ihre Integrität.
3. **Motivation** : Ein motivierter CMO mit hoher emotionaler Intelligenz fördert eine positive, förderliche und produktive Unternehmensatmosphäre. Sie sind bestrebt, die Erwartungen zu übertreffen und die gleiche Motivation in ihrem Team zu wecken.
4. **Empathie/Sympathie** : Einfühlsame CMOs haben die Fähigkeit zu verstehen oder zu fühlen, was eine andere Person aus ihrer Perspektive erlebt. Diese

Fähigkeit hilft ihnen, Kontakte zu Menschen zu knüpfen, ihre Bedürfnisse zu verstehen und letztendlich Beziehungen effektiver zu verwalten.

5. **Soziale Fähigkeiten** : Effektive Kommunikation ist ein entscheidendes Element der Arbeit eines CMO. Führungskräfte mit hohem EQ verstehen die Nuancen der Kommunikation, sind geschickt darin, Beziehungen zu verwalten, Streitigkeiten zu bewältigen und andere zu inspirieren und zu beeinflussen, um bessere Ergebnisse zu erzielen.

Kapitel VI: Aufbau emotionaler Intelligenz als CMO

Im nächsten Kapitel werden wir uns eingehender mit Strategien und Taktiken befassen, die CMOs dabei helfen können, ihre emotionale Intelligenz zu verbessern. Wir lernen, Strategien zu definieren, die helfen, mit Stress umzugehen, mit Empathie zu führen, soziale Fähigkeiten zu verbessern und Teams zu motivieren – Schlüsselaspekte, die dazu beitragen, ein leistungsstarker CMO zu werden.

Führungskompetenzen nutzen, um das Unternehmenswachstum voranzutreiben

Als Chief Marketing Officer (CMO) sind Sie in der herausragenden Position, Führungsstrategien umzusetzen, die bedeutende Veränderungen in Ihrem Team bewirken und einen tiefgreifenden Einfluss auf das Wachstum des Unternehmens haben können. Während die genaue Art der Führungstaktiken je nach Kultur und Zielen Ihres Unternehmens variieren kann, können einige wirksame Techniken die Leistung kontinuierlich verbessern, Innovationen anregen und den Zusammenhalt im Team fördern.

Einfluss und Überzeugung

Strategien basieren auf Ihrer Fähigkeit, wichtige Stakeholder zu beeinflussen, Argumente mit überzeugenden Beweisen vorzulegen und zum Handeln zu bewegen. Der moderne CMO muss sich neben den Hard Skills auch durch Soft Skills auszeichnen; Es reicht nicht mehr aus, in erster Linie ein technischer Experte zu sein. Als einflussreiche Führungskräfte müssen CMOs eine breite Basis aufbauen, strategisches Denken an den Tag legen und komplexe Daten in umsetzbare Erkenntnisse umwandeln. Dies kann die Beziehungen zu Ihrem Team stärken, die Marketingstrategien an der Vision des Unternehmens ausrichten und der Führung zeigen, dass Sie Marketinginitiativen effektiv vorantreiben.

Entwicklung leistungsstarker Teams

Der Aufbau eines leistungsstarken Teams ist entscheidend für die erfolgreiche Umsetzung von Strategien. Dazu gehört es, Talente in Ihrem Team zu identifizieren, ihre Fähigkeiten zu fördern und ein Umfeld zu schaffen, das Zusammenarbeit und Innovation fördert. Durch die Erkundung der Stärken und Schwächen Ihrer Teammitglieder können Sie Aufgaben zuweisen, die deren Kompetenz stärken und die Entwicklung fördern. Darüber hinaus können Mentoring-Programme das Lernen und die Karriereentwicklung fördern und ihre Loyalität und ihr Engagement gegenüber dem Unternehmen stärken.

Kommunikation

Führung kann ohne effektive Kommunikation ins Wanken geraten. Als CMO müssen Sie über erstklassige Kommunikationsfähigkeiten verfügen, um Ihre Vision zu artikulieren, Ihr Team zu inspirieren und Führungskräfte zu überzeugen. Dies umfasst mehrere Kommunikationswege – von der Bereitstellung einer überzeugenden Präsentation vor Führungskräften bis hin zur Bereitstellung konstruktiven Feedbacks an Ihre Teammitglieder.

Entscheidungsfindung

CMOs müssen schwierige Entscheidungen treffen, oft ohne vollständige Informationen. Diese Entscheidungen können erhebliche Auswirkungen auf Ihr Team und die Leistung der Organisation haben. Die Entwicklung fundierter Entscheidungsfähigkeiten kann von entscheidender Bedeutung sein. Dazu gehört es, die verfügbaren Daten zu analysieren, verschiedene Perspektiven zu berücksichtigen, die potenziellen Auswirkungen Ihrer Entscheidung vorherzusagen und bei Bedarf anpassungsfähig zu sein, um den Kurs zu ändern.

Konfliktlösung

Es kann zu Konflikten kommen – zwischen Teammitgliedern, zwischen Marketing und anderen Abteilungen oder zwischen Marketingstrategien und Unternehmenszielen. Als CMO kann Ihre Fähigkeit, zu vermitteln, Gemeinsamkeiten zu finden und Konflikte zu lösen, entscheidend dafür sein, dass Ihr Team einig und auf dem richtigen Weg bleibt.

Widerstandsfähigkeit

Die Rolle eines CMO kann eine Herausforderung sein, mit hohen Erwartungen und ständigen Veränderungen. Resilienz, die Fähigkeit, nach Herausforderungen wieder auf die Beine zu kommen, kann eine wesentliche Führungsqualität sein. Dazu gehört die Aufrechterhaltung einer positiven Moral, die Demonstration von Entschlossenheit und die Vermittlung einer klaren Vision.

Emotionale Intelligenz

Emotionale Intelligenz (EQ) wird in Führungspositionen oft übersehen, trägt aber zur Leistungssteigerung bei. Ein hoher EQ ermöglicht es Ihnen, Ihre Emotionen zu verstehen und zu verwalten, sich in Ihre Teammitglieder hineinzuversetzen und starke Beziehungen aufzubauen. Dazu gehören Selbstwahrnehmung, Selbstregulierung und soziale Fähigkeiten.

Zusammenfassend lässt sich sagen, dass ein leistungsstarker CMO verschiedene Führungstaktiken nutzt, um das Unternehmenswachstum voranzutreiben. Diese Strategien sind eine Kombination aus Hard- und Soft Skills und konzentrieren sich auf die Beeinflussung anderer, die Entwicklung eines leistungsstarken Teams, Kommunikation, Entscheidungsfindung, Konfliktlösung, Belastbarkeit und emotionale Intelligenz. Wenn Sie diese Taktiken beherrschen, können Sie Ihren Einfluss als CMO stärken und erheblich zum Erfolg Ihres Unternehmens beitragen.

Unterabschnitt: Visionäre Führung als leistungsstarker CMO kultivieren

Erfolgreiche Chief Marketing Officers (CMOs) sind mehr als nur Abteilungsleiter. Sie sind Visionäre, Strategen und Führungskräfte, die ständig richtungsweisende Ideen entwickeln und umsetzen. So wie ein Dirigent ein Orchester zur Harmonie führt, führt ein leistungsstarker CMO sein Team mit seinen sachkundigen und dennoch innovativen Führungstaktiken zum gemeinsamen Erfolg. In diesem

Unterabschnitt werden wichtige Strategien, Kennzahlen und Wege untersucht, die CMOs einschlagen sollten, um in der sich ständig verändernden Welt des Marketings das Ruder fest im Griff zu behalten.

Erfolgsmetriken definieren

Erfolgsmessung ist im Wesentlichen eine Straßenaktivität: Sie erfordert ein Ziel, eine Karte als Wegweiser und Markierungen zur Verfolgung des Fortschritts. In ähnlicher Weise definieren leistungsstarke CMOs ihre Erfolgsmetriken, um ihre Ziele zu visualisieren, Strategien zur Erreichung dieser Ziele zu entwerfen und ihren Fortschritt während der gesamten Reise zu überwachen.

1. **Ausrichtung der Vision:** Ihre Kennzahlen sollten mit der Mission und Vision Ihres Unternehmens übereinstimmen. Der Grad der Harmonie zwischen Ihren Marketingzielen und den übergeordneten Zielen des Unternehmens stellt einen wichtigen Erfolgsmaßstab dar.
2. **ROI und Rentabilität:** Umsatzwachstum, Lead-Generierung und Kundenbindungsraten sollten unter die Lupe genommen werden. CMOs sollten sich auf Kennzahlen konzentrieren, die den Return on Marketing Investments (ROMI) und die Auswirkungen auf die Gewinnmarge des Unternehmens aufzeigen.
3. **Kennzahlen zur Marketingleistung:** Kennzahlen wie Customer Lifetime Value (CLTV), Cost-per-Acquisition (CPA), Konversionsraten, Markenbekanntheit und allgemeine Kundenzufriedenheit sind wichtige Faktoren zur Messung des Erfolgs von Marketingkampagnen.
4. **Digitale Kennzahlen:** CMOs sollten den Bereich digitaler Marketingkennzahlen nicht außer Acht lassen, einschließlich eindeutiger Website-Besucher,

SEO-Rankings, Social-Media-Engagementraten, E-Mail-Öffnungsraten und Klickraten.

Führungspfade entwickeln: Der 3P-Ansatz

1. **Menschen:** CMOs sollten ihr Marketingteam sorgfältig auswählen, schulen und verwalten. Sie sollten eine integrative und vielfältige Kultur am Arbeitsplatz fördern, um unterschiedliche Perspektiven und Ideen zusammenzubringen.
2. **Prozess:** Leistungsstarke CMOs verlassen sich stark auf festgelegte Prozesse. Ein definitiver Marketingprozess, sei es für Kampagnenmanagement, Lead-Nurturing oder Marketingautomatisierung, sorgt für Konsistenz und Effizienz und stellt sicher, dass Initiativen wie geplant innerhalb des festgelegten Zeitrahmens umgesetzt werden.
3. **Partnerschaften:** Der Aufbau von Beziehungen innerhalb der gesamten Organisation und externen Allianzen ist von entscheidender Bedeutung. Durch die Zusammenarbeit mit anderen Abteilungen entsteht ein integrierter Marketingansatz, während externe Partner (Agenturen, Anbieter) spezielle Fähigkeiten und Marktkenntnisse anbieten können.

Führungsstrategien für CMOs

1. **Veränderungen annehmen:** Die Marketingwelt entwickelt sich ständig weiter. Daher ist es von entscheidender Bedeutung, sich an Veränderungen anzupassen und Teams zu ermutigen, dasselbe zu tun. CMOs sollten über Branchentrends auf dem Laufenden bleiben und neue Technologien und Plattformen in ihre Marketingstrategien integrieren.

2. **Datengesteuerte Entscheidungsfindung:** Ein leistungsstarker CMO nutzt Datenanalysen, um das Kundenverhalten zu verstehen, Produkte zu verbessern, Krisen zu bewältigen und fundierte Entscheidungen zu treffen.
3. **Kommunikation und Zusammenarbeit:** CMOs sollten eine offene Kommunikation praktizieren und Teams dazu ermutigen, Meinungen, Ideen und Feedback auszutauschen. Die Zusammenarbeit innerhalb und außerhalb der Abteilung kann innovative Ideen fördern und Marketingkampagnen aufwerten.
4. **Betonen Sie das Kundenerlebnis:** Der Schlüssel liegt darin, die Kunden an die Spitze der Marketingstrategie zu stellen. Dazu gehört die Analyse des Kundenverhaltens, das Verstehen ihrer Vorlieben und die Bereitstellung personalisierter Erlebnisse.

Zusammenfassend lässt sich sagen, dass ein leistungsstarker CMO eine Mischung aus strategischem Denken, visionärer Führung und analytischem Scharfsinn erfordert. Es gibt keinen Weg nach oben, aber durch den Einsatz dieser Führungstaktiken können CMOs die herausfordernde Reise erfolgreich meistern und letztendlich die Marketingabteilung und das Unternehmen in eine Zukunft mit nachhaltigem Wachstum führen.

V.5 Coaching als Führungstaktik für CMOs nutzen

Wenn sich der Chief Marketing Officer (CMO) der Führungsfunktion nähert, ist Coaching ein entscheidender Faktor, den er berücksichtigen muss. *Coaching Leadership* ist ein Ansatz, bei dem sich die Führungskraft auf das potenzielle Wachstum ihrer Untergebenen konzentriert und sie bei der Verbesserung ihrer Fähigkeiten, Fertigkeiten und Leistungen anleitet. Es geht um Führung und Pflege, nicht nur ums Diktieren.

Erstens **ist die Übernahme einer Coaching-Denkweise unerlässlich** . Als CMO ist es wichtig zu verstehen, dass es beim Coaching nicht darum geht, den Leuten zu sagen, was sie tun sollen oder wie sie ihre Arbeit erledigen sollen. Stattdessen geht es darum, die richtigen Fragen zu stellen, um zum Nachdenken anzuregen, die Selbstfindung zu fördern und zur Selbstverbesserung anzuregen. Eine Coaching-Denkweise basiert auf der Überzeugung, dass jeder das Potenzial hat, sich weiterzuentwickeln, und dass es die Aufgabe der Führungskraft ist, dieses Wachstum zu fördern.

Auch die Festlegung eines klaren Entwicklungspfades ist ein entscheidender Bestandteil Ihres Coaching-Ansatzes. Durch die Entwicklung individueller Entwicklungspläne für Ihr Team stellen Sie sicher, dass jedes Mitglied über einen Wachstumsplan verfügt. Diese Pläne sollten auf den persönlichen und beruflichen Zielen der Mitarbeiter basieren und mit den Gesamtzielen des Unternehmens übereinstimmen. Eine solche Direktinvestition in die Zukunft Ihres Teammitglieds schafft Motivation und steigert die Produktivität in Ihrer Marketingabteilung.

Ein wesentlicher Aspekt eines Coaching-Führungsansatzes ist die Fokussierung auf Kommunikation . Effektive Kommunikation weckt Ideen und Kreativität und fördert das Wachstum von Einzelpersonen und Teams. Dabei geht es nicht nur ums Sprechen, sondern auch ums Zuhören, Fragen stellen, Feedback geben und Anleitung geben. Es bedeutet, ein Umfeld zu schaffen, in dem sich jeder gehört, wertgeschätzt und befähigt fühlt, sein Bestes zu geben.

Auch Messung und Auswertung sind entscheidend . Durch die Festlegung klarer Standards und Erwartungen an die Leistung im Vorfeld wird sichergestellt, dass jeder weiß, worauf er hinarbeitet und wie er bewertet wird. Basierend auf diesen Kennzahlen kann konstruktives Feedback gegeben werden, um den Teammitgliedern dabei zu helfen, auf ihre Ziele hinzuarbeiten und sich kontinuierlich zu verbessern.

Ein Coaching-Ansatz für Führung **erfordert auch, dass Sie einen Schritt zurücktreten und Ihrem Team erlauben, die Verantwortung für seine Arbeit zu übernehmen** . Ihnen die Entscheidungsfindung anzuvertrauen, verleiht Autonomie und Verantwortung, motiviert sie zu besseren Leistungen und schafft ein Zugehörigkeitsgefühl.

Nicht zuletzt weiß jeder gute Trainer, wie wichtig es ist, **Resilienz zu fördern** . Herausforderungen, Misserfolge und Rückschläge sind Teil jeder Reise, und es ist Ihre Aufgabe als CMO, Ihre Teammitglieder zu ermutigen, sich zu sammeln, aus diesen Erfahrungen zu lernen und zielstrebiger voranzuschreiten.

Daher erfordert die Rolle der Führung im Marketingmanagement, insbesondere die Rolle des CMOs, mehr als nur Managementtaktiken. Es wertet Coaching als transformativen Ansatz, um das Beste aus einem Team herauszuholen, seine Fähigkeiten zu nutzen und es in Richtung kollektives und individuelles Wachstum zu lenken. Durch den Einsatz von Coaching als Führungstaktik können CMOs ihre Teams dazu inspirieren, kreativer, innovativer und messbarer zu werden und so zur umfassenderen Vision und den Zielen des Unternehmens beizutragen.

Zusammenfassend lässt sich sagen, dass es beim Coaching als Führungstaktik darum geht, sich auf die Weiterentwicklung der Mitarbeiter zu konzentrieren und ein ermutigendes Umfeld zu schaffen, das Kommunikation, gemeinsames Wissen und kontinuierliches Lernen fördert. Dieser Führungsstil positioniert den CMO nicht nur als Manager, sondern auch als Mentor, Leitfaden und Coach – und treibt letztendlich das Unternehmenswachstum, die hohe Leistung und die Dynamik in der Marketinglandschaft voran.

Dieser Ansatz entspricht der in unserem Buch vermittelten Prämisse, ein leistungsstarker CMO zu werden. Ein leistungsstarker, innovativer Coach leitet ein leistungsstarkes, innovatives Team, das leistungsstarke, innovative Ergebnisse hervorbringt. Bemühen Sie sich daher um einen Coaching-Führungsstil, um Ihr Team effektiver, effizienter und vorbildlich zum Erfolg zu führen.

Kapitel 12: Führungsintelligenz als CMO kultivieren

In dieser Zeit disruptiver Innovationen und technologischer Entwicklung hat sich die Rolle eines Chief Marketing Officer (CMO) nicht nur diversifiziert, sondern auch in ihrer Komplexität erweitert. Neben ihren traditionellen Aufgaben der Markenentwicklung und Marktforschung wird von modernen CMOs heute auch erwartet, dass sie datengesteuerte Entscheidungen treffen, dynamische Marketingtechniken einsetzen und quantifizierbare Ergebnisse erzielen. Sie sind die Schlüsselstrategen, die alle Facetten eines Unternehmens in eine einheitliche Richtung lenken. In diesem Kapitel untersuchen wir die Themen Führungsintelligenz und -taktiken, die einem CMO dabei helfen können, leistungsstark und effektiv zu sein.

12.1: Steigerung Ihrer emotionalen Intelligenz

Emotionale Intelligenz (EI) ist für jede Führungsrolle unerlässlich. Für einen CMO bedeutet die Verbesserung der emotionalen Intelligenz, dass er nicht nur auf die Emotionen seines Teams, sondern auch auf die Gefühle, Einstellungen und Werte seiner Zielgruppe eingestellt ist. Emotionale Intelligenz kann dabei helfen, überzeugende Narrative zu schaffen, die bei den Kunden Anklang finden und die Loyalität fördern. Dies erfordert echtes Einfühlungsvermögen und die Fähigkeit, die emotionalen Hintergründe von Markttrends und Verbraucherverhalten wahrzunehmen.

12.2: Anwendung von Data Intelligence

Fortschritte in den Bereichen KI, Big Data und maschinelles Lernen haben Marketingpraktiken in eine wissenschaftliche, datengesteuerte Disziplin verwandelt. Der moderne CMO sollte in der Lage sein, solche Dateneinblicke zu nutzen, um Geschäftsstrategien zu optimieren. Sie müssen Fähigkeiten in den Bereichen Datenanalyse, Trendvorhersage und Verbraucherverhaltensmodellierung erwerben und sich mit dem Verständnis und der Implementierung modernster Marketingtechnologietools auskennen.

12.3: Entwicklung der Führungsagilität

Ein leistungsstarker CMO muss in seinem Entscheidungsprozess agil sein. Sie sollten in der Lage sein, zeitnah auf neue Markttrends, aufkommende geschäftliche Herausforderungen und technologische Innovationen zu reagieren. Zu den Merkmalen einer agilen Führungskraft gehören die Fähigkeit, Entscheidungen zu beschleunigen, flexible Strategien zu entwickeln und sich schnell und effektiv an Veränderungen anzupassen.

12.4: Förderung funktionsübergreifender Synergien

Die Rolle eines CMO geht über das Marketingteam hinaus. Dazu gehört die Koordination mit verschiedenen Bereichen der Organisation, wie Vertrieb, IT, Kundenservice und Produktentwicklungsteams. Dies bringt die Notwendigkeit mit sich, eine funktionsübergreifende Führung zu fördern, um die Ausrichtung der Vision und Werte der Organisation sicherzustellen. Ein leistungsstarker CMO weiß, dass der Aufbau von Brücken zwischen den Abteilungen und die Förderung einer kollaborativen Umgebung das Gesamtpotenzial des Unternehmens maximieren wird.

12.5: Ethische Führung und soziale Verantwortung

In einer Welt, in der Unternehmen für ihren sozialen Fußabdruck zur Verantwortung gezogen werden, müssen CMOs ihre Marke auf verantwortungsvolles Handeln ausrichten. Dazu gehören nachhaltige Marketingpraktiken, ethische Werbung und die Förderung der Unternehmensverantwortung. Der moderne CMO ist daher nicht nur ein Stratege, sondern auch ein Hüter der ethischen Identität seiner Organisation.

12.6: Förderung von Innovation und Kreativität

Um in einem sich ständig weiterentwickelnden Markt die Nase vorn zu haben, müssen CMOs Kreativität und Innovation fördern. Es berücksichtigt divergentes Denken, Risikobereitschaft und die Förderung einer Kultur des Experimentierens und Lernens im Team.

Zusammenfassend lässt sich sagen, dass ein CMO mehr erfordert als nur das Verständnis von Marketingtechniken. Es erfordert die Verbindung traditioneller Führungsweisheit mit modernem strategischem Können. Durch die Entwicklung von Führungsintelligenz kann ein CMO diese herausfordernde und erfüllende Rolle mit Anmut und

Effektivität bewältigen und sein Unternehmen zu
beispiellosen Höhen führen. Leistungsstarke CMOs sind
diejenigen, die die Lücke zwischen der Komplexität der Rolle
und der Dynamik des Marktes effektiv schließen können.

VI. Marketingstrategien für den Erfolg

Strategie Nr. 1: Digitales Marketing meistern

Im Zeitalter des rasanten technologischen Fortschritts muss
ein leistungsstarker CMO über die neuesten digitalen
Marketingtrends und -tools auf dem Laufenden bleiben.
Dazu gehören Suchmaschinenoptimierung (SEO), Pay-per-
Click (PPC)-Werbung, E-Mail-Marketing, Content-Marketing,
Social-Media-Marketing, Affiliate-Marketing und mehr.
Digitales Marketing hilft nicht nur dabei, ein breiteres
Publikum zu erreichen, sondern bietet auch präzises
Targeting und Echtzeitanalysen.

SEO und PPC

SEO-Techniken haben sich als wirksam erwiesen, um die
Sichtbarkeit Ihrer Website in Suchmaschinen zu verbessern,
während Sie mit PPC potenzielle Käufer durch bezahlte
Werbung erreichen können. Beide erfordern eine
eingehende Keyword-Recherche, eine Konkurrenzanalyse
sowie eine kontinuierliche Nachverfolgung und Anpassung
auf Basis von Leistungsmetriken.

E-Mail Marketing

Die Macht des E-Mail-Marketings wird oft unterschätzt. Dies ist eine der effektivsten Möglichkeiten, Leads zu pflegen und sie in treue Kunden umzuwandeln. Personalisierte E-Mails, aufmerksamkeitsstarke Betreffzeilen, ansprechende Inhalte und das richtige Timing sind entscheidende Erfolgsindikatoren dieser Strategie.

Social-Media-Marketing

Bei Milliarden von Menschen auf Plattformen wie Facebook, Twitter, Instagram und LinkedIn kann Social-Media-Marketing nicht ignoriert werden. CMOs müssen eine starke Social-Media-Strategie entwickeln, die mit der Stimme und den Zielen ihrer Marke übereinstimmt. Leistungsstarke CMOs wissen, wie wichtig es ist, auf diesen Plattformen regelmäßig und authentisch mit ihrer Zielgruppe in Kontakt zu treten.

Inhaltsvermarktung

Qualitativ hochwertige Inhalte sind das A und O im digitalen Marketing. Leistungsstarke CMOs wissen, dass die kontinuierliche Erstellung und Weitergabe wertvoller Inhalte für den Vertrauensaufbau bei Verbrauchern unerlässlich ist. Dies können Blogbeiträge, Infografiken, E-Books, Videos, Podcasts oder andere Formen von Inhalten sein, die einen Mehrwert bieten.

Strategie Nr. 2: Datengesteuerte Entscheidungsfindung

Leistungsstarke CMOs treffen Entscheidungen niemals auf der Grundlage von Annahmen oder Bauchgefühlen. Sie stützen sich auf Daten, die aus verschiedenen Quellen wie

Marktforschung, Kundenfeedback, Website-Analysen, Social-Media-Einblicken und anderen relevanten Kanälen gesammelt werden. Dieser datengesteuerte Ansatz zur Entscheidungsfindung ermöglicht es ihnen, das Verhalten und die Präferenzen der Kunden zu verstehen, die Wirksamkeit von Marketingstrategien zu messen und bei Bedarf Anpassungen vorzunehmen.

Strategie Nr. 3: Kundenbeziehungen aufbauen und pflegen

Der Aufbau starker Kundenbeziehungen ist für den Erfolg eines jeden Unternehmens von grundlegender Bedeutung. Leistungsstarke CMOs behandeln Kunden wie einen Vermögenswert, nicht wie eine Transaktion. Sie implementieren Strategien zur Förderung der Kommunikation, zum Aufbau von Vertrauen und zur Schaffung personalisierter Erlebnisse. Das beinhaltet:

Personalisierung

Erfolgreiche CMOs wissen, dass Kunden personalisierte Erlebnisse schätzen. Die Segmentierung von Kunden anhand ihrer Vorlieben, ihres Verhaltens oder früherer Interaktionen und die anschließende Anpassung von Nachrichten und Angeboten entsprechend können die Kundentreue und -befürwortung verbessern.

CRM-Systeme

Customer-Relationship-Management-Systeme (CRM) bieten einen ganzheitlichen Überblick über alle Interaktionen mit einem Kunden. Leistungsstarke CMOs nutzen diese Daten, um das Kundenerlebnis zu verbessern, Möglichkeiten für

Upselling oder Cross-Selling zu identifizieren und mögliche
Probleme vorherzusehen.

Strategie Nr. 4: Strategische Partnerschaften und Allianzen

Die Bildung strategischer Partnerschaften und Allianzen
kann zum Zugang zu neuen Kunden und zum Eintritt in neue
Märkte führen, Ressourcen und Wissen teilen und den Ruf
der Marke stärken. Leistungsstarke CMOs sind immer auf
der Suche nach Partnerschaftsmöglichkeiten, die zu ihrer
Marke passen und gegenseitigen Nutzen bringen können.

Durch die Anwendung dieser Strategien kann ein CMO
seine Leistung im Wettbewerbsmarkt erheblich steigern.
Ständiges Lernen und Anpassung sind jedoch unerlässlich,
da sich Trends, Geschmäcker und Technologien ständig
weiterentwickeln und Vermarkter schnelle Anpassungen und
Innovationen erfordern.

Die Kraft und das Potenzial datengesteuerter Strategien

Ein kluger, leistungsstarker CMO versteht den Wert
datengesteuerter Entscheidungen. Die Bedeutung von
Daten kann im heutigen digitalen Zeitalter nicht unterschätzt
werden. Unternehmen auf der ganzen Welt nutzen diese
Ressource, um ihre Strategien anzupassen und gezielte
Ergebnisse zu erzielen. Für einen CMO bedeutet die
Nutzung von Daten die Entwicklung maßgeschneiderter
Marketingstrategien, die signifikante, messbare Ergebnisse
liefern.

Umfassende Datenanalyse

Daten werden manchmal als „neues Öl" bezeichnet, da sie eine entscheidende Rolle für das Unternehmenswachstum spielen. Für CMOs ist die Nutzung von Datenanalysen nicht nur eine Option, sondern eine Notwendigkeit. Dies geht über das bloße Sammeln von Daten über Kundenaktivitäten hinaus. Dabei geht es um eine tiefgreifende Analyse der verfügbaren Daten, um umsetzbare und profitable Erkenntnisse zu gewinnen.

Nutzen Sie Tools zur Kundendatenanalyse, um Ihre Zielgruppe zu segmentieren, ihr Verhalten zu verstehen, Ihre Kampagnen anzupassen und zukünftiges Kundenverhalten vorherzusagen. Es hilft dabei, Bereiche der Produkterweiterung, neuer Märkte und der Verbesserung des Kundenerlebnisses zu beleuchten.

Identifizierung und Auswahl relevanter Kennzahlen

Nicht alle Metriken sind gleich und nicht alle Daten sind nützlich. Der Schlüssel liegt darin, zwischen wirklich aufschlussreichen Erkenntnissen und bloßem Rauschen unterscheiden zu können. Ein leistungsstarker CMO sollte strategische KPIs (Key Performance Indicators) festlegen, die für die Marketingziele des Unternehmens relevant sind.

Die Auswahl der richtigen Marketingkennzahlen erfordert oft eine sorgfältige Bewertung. Berücksichtigen Sie Kennzahlen, die Marketingreichweite, Markenstimmung, Lead-Generierung, Konversionsraten, Kundenbindung und Umsatz abdecken.

Einsatz von Predictive Marketing

Mit den Fortschritten beim maschinellen Lernen und der künstlichen Intelligenz ist Predictive Marketing zu einem wichtigen Bestandteil datengesteuerter Marketingstrategien geworden. Dabei werden Daten und Algorithmen genutzt, um zukünftige Ergebnisse vorherzusagen.

Predictive Marketing kann aussagekräftige Erkenntnisse über das Kundenverhalten und die Kampagnenleistung liefern. Es hilft dabei, Content-Marketing-Strategien zu entwickeln, Preise festzulegen, Kunden zu segmentieren, Ressourcen zu verwalten und die Produktentwicklung zu optimieren.

Implementierung personalisierten Marketings

Der vielleicht beeindruckendste Aspekt der Nutzung von Daten im Strategiebuch eines CMOs ist „Personalisierung". Die Kunden von heute erwarten personalisierte Erlebnisse und Daten sind der Weg, diese zu liefern.

Durch den strategischen Einsatz von Daten können Vermarkter Zielgruppen auf granularer Ebene segmentieren und so ein wirklich individuelles Engagement ermöglichen. Studien zeigen, dass personalisierte E-Mails und Content-Marketing höhere Engagement- und Konversionsraten aufweisen als generische Nachrichten.

Wir setzen uns für Datentransparenz und Compliance ein

Da Datenschutzverletzungen und Datenschutzbedenken immer wichtiger werden, ist der Fokus auf ethische Datenpraktiken von entscheidender Bedeutung geworden. Ein leistungsstarker CMO sollte sich für den sorgfältigen Umgang, die Speicherung und Nutzung von Daten einsetzen, wobei die Privatsphäre der Kunden gewahrt bleibt und die geltenden Vorschriften eingehalten werden. Dies schützt Ihr Unternehmen nicht nur rechtlich, sondern stärkt auch das Vertrauen der Kunden – ein wertvolles Gut in jeder Marketingstrategie.

Zusammenfassend lässt sich sagen, dass das Potenzial einer datengesteuerten Strategie vielfältig und bedeutsam ist. Der Schlüssel zu einem leistungsstarken CMO liegt darin, Daten erfolgreich für strategische Entscheidungen zu nutzen, das Kundenerlebnis zu verbessern, das Markenwachstum voranzutreiben und letztendlich einen eindeutigen Geschäftswert zu liefern.

Innovative Möglichkeiten zur Maximierung der digitalen Marketingstrategie

Da sich die digitale Welt weiterhin rasant weiterentwickelt, muss sich auch die Rolle des CMO an diese digitale Transformation anpassen. Um im heutigen digitalen Zeitalter ein leistungsstarker CMO zu werden, müssen die Fähigkeiten regelmäßig aktualisiert werden, um Markttrends und Verbraucherveränderungen immer einen Schritt voraus zu sein. Ein leistungsstarker CMO sollte nicht nur die wesentlichen Marketing-Grundlagen verstehen, sondern auch die gewinnbringende Integration digitaler Strategien.

1. Nutzen Sie datengesteuertes Marketing

Die Bedeutung von Daten im heutigen digitalen Ökosystem kann nicht genug betont werden. Für einen leistungsstarken CMO liegt der Erfolg darin, die Macht der Daten vollständig zu verstehen und zu wissen, wie man sie am besten nutzt.

Ein erfolgreicher CMO nutzt Daten, um Strategien zu entwickeln, Entscheidungen zu treffen und den Erfolg zu messen. Datengesteuertes Marketing ermöglicht wichtige Einblicke in das Verhalten und die Vorlieben der Kunden und ermöglicht Ihnen die Erstellung ansprechender, personalisierter Kampagnen.

2. Investieren Sie in Marketingtechnologie

Marketingtechnologie oder MarTech ist entscheidend für die Automatisierung von Aufgaben, die Rationalisierung von Marketingbemühungen und die Leistungsanalyse. Leistungsstarke CMOs werden verschiedene Tools für verschiedene Marketingbereiche erkunden. Von CRM-Tools zur Erfassung von Kundeninteraktionen bis hin zu Analyseplattformen, die den Erfolg von Marketingkampagnen darstellen – die Einbettung von Technologie in Ihre Strategie kann die Marketingeffizienz und -effektivität erheblich steigern.

3. Kultivieren Sie einen Omni-Channel-Ansatz

Im Zeitalter digitaler Konsumenten reicht eine isolierte Marketingstrategie nicht mehr aus. Verbraucher interagieren mit Marken über mehrere Kanäle, von sozialen Medien bis hin zu E-Mails und Websites. Ein leistungsstarker CMO muss über alle diese Kanäle hinweg ein konsistentes, personalisiertes Erlebnis gewährleisten. Eine effektive Omni-Channel-Strategie steigert nicht nur die Kundenbindung, sondern fördert auch die Kundenbindung.

4. Investieren Sie in Content-Marketing

Im Informationszeitalter ist der Inhalt König. Beim Content-Marketing geht es um die Erstellung und Verbreitung

wertvoller, relevanter Inhalte, um ein klar definiertes
Publikum anzulocken, einzubinden und zu gewinnen. Für
einen leistungsstarken CMO ist die Nutzung von Content-
Marketing eine perfekte Möglichkeit, mit Zielgruppen zu
kommunizieren und Markenautorität aufzubauen. Denken
Sie daran: Die Bereitstellung der richtigen Inhalte zur
richtigen Zeit an die richtige Zielgruppe kann Ihre
Marketingergebnisse erheblich steigern.

5. Nutzen Sie soziale Medien

Social-Media-Plattformen sind ein entscheidender
Bestandteil der Strategie eines leistungsstarken CMOs. Sie
bieten eine große Zielgruppe mit unterschiedlichen
demografischen Merkmalen und Interessen und bieten eine
lukrative Gelegenheit für gezieltes Marketing. Erfahrene
CMOs nutzen Social-Media-Plattformen, um mit ihrem
Publikum in Kontakt zu treten, Markenbotschaften zu
verstärken und das Kundenverhalten zu verstehen.

6. Meistern Sie SEO

Moderne Kunden wenden sich für alles an Suchmaschinen.
Aus diesem Grund muss ein leistungsstarker CMO den
Überblick über SEO-Strategien behalten. Dies geht über das
Einbetten von Schlüsselwörtern und die Arbeit an Backlinks
hinaus; Es geht um die Erstellung hochwertiger Inhalte, die
Optimierung für die mobile Suche und vieles mehr. Die
Verbesserung Ihres Rankings in den Suchergebnissen
erhöht die Sichtbarkeit, Glaubwürdigkeit und damit auch die
Kundenkonversion.

Zusammenfassend lässt sich sagen, dass die Entwicklung
eines leistungsstarken CMO im heutigen digitalen Zeitalter
einen kontinuierlichen Lernprozess erfordert. Durch die
Nutzung von datengesteuertem Marketing, die Investition in

MarTech, die Pflege eines Omni-Channel-Ansatzes, die Nutzung von Content-Marketing, sozialen Medien und die Beherrschung von SEO kann ein leistungsstarker CMO wirkungsvolle Marketingstrategien entwickeln, die innovativ sind, Anklang finden und letztendlich zum Erfolg führen.

Die Rolle der digitalen Transformation bei strahlenden Marketingstrategien

Die digitale Transformation ist für Unternehmen keine optionale Strategie mehr; Es hat sich branchenübergreifend zu einem integralen Bestandteil des Erfolgs entwickelt. Als Chief Marketing Officer (CMO) ist die Annahme dieser Veränderung der Weg, der Ihre Marke in das Land der Kundenbindung führt, wo Sie Marktanteile gewinnen, Umsätze steigern und nachhaltigen Erfolg erzielen können.

Die Integration digitaler Strategien ist für CMOs unerlässlich, um detaillierte Kundeneinblicke zu nutzen, das Kundenerlebnis zu verbessern und die betriebliche Effizienz zu optimieren. Durch den Einsatz von Technologie können CMOs ein genaues Verständnis ihrer Zielgruppe erlangen, was eine hyperpersonalisierte Kommunikation ermöglicht, die beim Benutzer Anklang findet und die Kundenbindung und Interessenvertretung fördert.

Speerspitze des Kundenerlebnisses

Digitale Marketingplattformen haben traditionelle Marketingabläufe verändert und ermöglichen es Unternehmen, Kunden an verschiedenen Berührungspunkten anzusprechen und Daten zu interpretieren, um fundierte strategische Entscheidungen zu treffen. Die Nutzung dieser Plattformen bietet CMOs die

Möglichkeit, Customer Journeys abzubilden und während ihrer gesamten Interaktion mit der Marke eine konsistente Markenstimme sicherzustellen. Interaktive Marketingkanäle haben auch die Marketingabläufe in Echtzeit verbessert und ermöglichen eine unmittelbare Interaktion zwischen dem Kunden und der Marke.

Künstliche Intelligenz (KI) spielt im Customer Experience Management eine bedeutende Rolle. Durch die Kombination von Algorithmen für maschinelles Lernen und Kundendaten können Marken nun Kundenbedürfnisse vorhersehen und ihre Kaufreise verbessern. Predictive Analytics kann Muster im Kaufverhalten von Kunden entschlüsseln und die Produktions- und Finanzabteilung dabei unterstützen, ihre Prozesse entsprechend auszurichten.

Traditionelle Werbung neu denken

Die digitale Transformation hat die Werbung insgesamt neu definiert. Das Internet hat den Weg für die Verbreitung sozialer Medien geebnet und die Art und Weise verändert, wie Kunden Werbung wahrnehmen. Internetwerbung hat es Marken ermöglicht, kundenorientierte Inhalte bereitzustellen und gleichzeitig die Kosten im Vergleich zu herkömmlichen Methoden deutlich zu senken. Durch Social-Media-Plattformen konnten Segmentierung, Targeting und Positionierung verfeinert werden als je zuvor.

Darüber hinaus hat der Aufstieg des Influencer-Marketings, bei dem Influencer Produkte unterstützen, einen vertrauensvolleren Marketingbereich geschaffen. Kunden bevorzugen persönliche Interaktion und Empfehlungen gegenüber automatisierter Werbung, was Influencer-Marketing zu einem vielversprechenden strategischen Schachzug macht.

Datenerkenntnisse nutzen

Die Integration digitaler Strategien in Ihr Geschäftsmodell ermöglicht die automatische Verfolgung der metrischen Leistung. Daten, die von Websites, sozialen Medien, CRM-Systemen und anderen Quellen gesammelt werden, ermöglichen es Marketingfachleuten, umfassende Einblicke in jeden Aspekt des Unternehmens zu gewinnen.

Traditionell mussten Vermarkter große Datenmengen sammeln, diese manuell durchsuchen und auf der Grundlage von Trends auf Makroebene Annahmen treffen. Heutige fortschrittliche Analyseplattformen können jedoch große Datenmengen verarbeiten und umsetzbare Erkenntnisse ableiten, die Marketingentscheidungen in Echtzeit beeinflussen.

Vermarkter können jetzt die spezifischen Kundeninteraktionen verfolgen, die zu Conversions führen, und so bestimmen, welcher Marketing-Mix am besten ist. Darüber hinaus können Vorhersagealgorithmen zukünftige Trends vorhersagen und das Marketingteam in die Lage versetzen, auf der Grundlage der gewonnenen Erkenntnisse Strategien zu entwickeln.

Abschluss

Die Einbeziehung der digitalen Transformation bereichert die gesamte Marketingstrategie. Ob durch die Verbesserung des Kundenerlebnisses, das Umdenken in der Werbung oder die Nutzung von Dateneinblicken – die Einführung von Technologie ist für Unternehmen von entscheidender Bedeutung. Als leistungsstarker CMO verschafft der Einsatz digitaler Strategien Ihrem Unternehmen einen Wettbewerbsvorteil und positioniert es an der Spitze Ihrer Branche.

Modul 1: Die Rolle nahtloser Marketingstrategien verstehen

Im modernen technokratischen Zeitalter geht die Rolle eines leistungsstarken CMO über das traditionelle Marketing hinaus. Es liegt an der Schnittstelle von tiefgreifenden Kundenkenntnissen, technologischer Anpassungsfähigkeit und strategischer Innovation. Es geht darum, herkömmliche Marketingkanäle mit digitalen Plattformen zu integrieren, um nahtlose Marketingstrategien zu erstellen.

In einer Welt, in der Verbraucher alle Informationen, die sie benötigen, jederzeit zur Hand haben, hat sich die Macht von den Unternehmen in die Hände der Verbraucher verlagert. Daher liegt die Fähigkeit, Verbraucher anzuziehen, zu binden, zu binden und in treue Kunden umzuwandeln, nun in den Händen von Marketingstrategen, die die Bedeutung eines gut orchestrierten Marketingplans verstehen.

Zu nahtlosen Marketingstrategien gehört die Entwicklung eines kundenzentrierten Ansatzes, der sicherstellt, dass jeder Kontaktpunkt, den ein Kunde mit Ihrer Marke hat, harmoniert. Dabei geht es darum, alle Marketingkanäle – physisch und digital – zu integrieren, um eine einheitliche, kohärente und konsistente Markenbotschaft zu vermitteln, die der Customer Journey einen Mehrwert verleiht.

Die Macht von Daten und Technologie erkennen

Im Zeitalter des digitalen Marketings sind fortschrittliche Analysen und künstliche Intelligenz zu einem integralen Bestandteil der Entwicklung datengesteuerter Strategien geworden. Als CMO ist es wichtig, die Macht der Daten zu schätzen, um aussagekräftige Erkenntnisse über das Verhalten, die Wahrnehmungen, Bedürfnisse und Vorlieben der Kunden zu gewinnen.

Technologische Fortschritte haben es möglich gemacht, den Kunden personalisierte Erlebnisse zu bieten, was die Kundenzufriedenheit und -treue deutlich steigert. Ein effektiver CMO muss an der Spitze der Technologie stehen, um gezielte Marketinginitiativen zu entwickeln, die beim Kunden auf persönlicher Ebene Anklang finden.

Eine Kultur der Innovation pflegen

Viele Experten argumentieren, dass in einer sich schnell verändernden Marktlandschaft die Innovationsfähigkeit das ist, was erfolgreiche Unternehmen von ihrer Konkurrenz unterscheidet. Als leistungsstarker CMO sollte die Pflege einer Innovationskultur innerhalb der Marketingabteilung und im gesamten Unternehmen oberste Priorität haben.

Innovation bezieht sich hier nicht nur auf Produkt- oder Dienstleistungsinnovationen, sondern auch auf die Art und Weise des Marketings und der Kontaktaufnahme mit Verbrauchern. Das Experimentieren mit verschiedenen Marketingkanälen, Targeting-Techniken und Werbestrategien ist entscheidend, um die Marke in einem zunehmend wettbewerbsintensiven Markt relevant zu halten.

Bauen Sie digitale und persönliche Beziehungen auf

Mit dem Aufkommen sozialer Medien und anderer digitaler Berührungspunkte ist es für Verbraucher einfacher geworden, direkt mit Marken in Kontakt zu treten. CMOs sollten diese Gelegenheit nutzen, um digitale Beziehungen aufzubauen, die sich für den Verbraucher persönlich anfühlen.

Dazu gehören ständige Kommunikation, echtes Engagement und prompter Kundenservice. Indem Sie schnell auf Kundenanfragen und Feedback reagieren, zeigen Sie den

Verbrauchern, dass ihre Meinung und Zufriedenheit für das Unternehmen wichtig sind. Dies trägt dazu bei, Vertrauen und Loyalität aufzubauen und Verbraucher sogar zu Markenbefürwortern zu machen.

ROI und KPIs messen

Ebenso wichtig wie die Entwicklung und Umsetzung von Marketingstrategien ist die Messung des Return on Investment (ROI) dieser Strategien. Dies hilft dabei, die Strategien zu identifizieren, die sich als effektiv erweisen, und diejenigen, die optimiert oder verworfen werden müssen.

Über die Finanzkennzahlen hinaus sollten CMOs auch die wichtigsten Leistungsindikatoren (KPIs) im Auge behalten, wie z. B. Kundenzufriedenheitswerte, Kundenbindungsraten und Markensichtbarkeit. Diese bieten einen ganzheitlichen Überblick über die Auswirkungen Ihrer Marketingstrategien auf die Leistung Ihrer Marke und Ihres Unternehmens.

Zusammenfassend lässt sich sagen, dass die Entwicklung eines leistungsstarken CMO ein Verständnis des Marktes und den Eifer erfordert, verbraucherorientierte Entscheidungen zu treffen. Es geht darum, eine Führungsrolle zu übernehmen, die das Marketingteam dazu inspiriert, Strategien zu entwickeln, die einen langfristigen Wert für die Marke schaffen. Mit nahtlosen Marketingstrategien wird eine sich entwickelnde Marktlandschaft weniger zu einer Herausforderung und eher zu einer Chance für Wachstum und Erfolg.

VII. Aufbau und Führung von Hochleistungsteams

Kapitel 23: Förderung einer Kultur der gemeinschaftlichen Leistung

Leistung ist in jedem beruflichen Umfeld von entscheidender Bedeutung, aber gemeinsame Leistung ist das Geheimnis von Hochleistungsteams. Als Chief Marketing Officer (CMO) kann die Förderung einer Kultur, in der Teams kohärent und effektiv auf gemeinsame Ziele hinarbeiten, den Unterschied zwischen durchschnittlicher und phänomenaler Leistung ausmachen.

Definieren und Kommunizieren von Teamzielen

Ein leistungsstarkes Team braucht ein klares Verständnis davon, worauf es hinarbeitet. Als CMO sollten Sie die Führung bei der Festlegung von Teamzielen übernehmen, die auf die umfassenderen Unternehmensziele abgestimmt sind, und diese wirksam zwischen den Teams kommunizieren. Die Ziele sollten nicht nur quantifizierbar und messbar sein, sondern auch motivierend sein, das Team für die Erreichung dieser Ziele zu gewinnen.

Darüber hinaus kann die Bedeutung der Transparenz nicht genug betont werden; Jedes Teammitglied sollte seine individuelle Rolle bei der Erreichung dieser Gruppenziele verstehen. Offene Diskussionen und regelmäßige Feedback-Sitzungen erleichtern dieses Verständnis und schaffen ein Gefühl für das gemeinsame Ziel.

„Zusammenkommen ist ein Anfang. Zusammenhalten ist Fortschritt. Zusammenarbeit ist Erfolg." – Henry Ford

Vertrauen und psychologische Sicherheit fördern

Die hochkarätige interne Überprüfung von Google, Project Aristotle, hob die psychologische Sicherheit als den wichtigsten Faktor für die Teamleistung hervor. Im Wesentlichen müssen Mitarbeiter darauf vertrauen können, dass sie ihre Meinung sagen, Fehler machen oder neue Ideen vorschlagen können, ohne Angst vor Vergeltung, Kritik oder Peinlichkeit haben zu müssen. Als Führungskraft besteht Ihre Aufgabe darin, dieses Umfeld zu fördern – Offenheit zu fördern, alle Beiträge zu respektieren und anzuerkennen, dass jeder Fehler machen kann (und wird). Es geht darum, eine Atmosphäre zu schaffen, in der Herausforderungen als Chancen und nicht als Bedrohung betrachtet werden.

„Keiner von uns ist so schlau wie wir alle." – Ken Blanchard

Förderung der Zusammenarbeit zwischen Teams

Ein CMO muss über isoliertes Denken hinausgehen, indem er die Zusammenarbeit und Interaktion zwischen verschiedenen Abteilungen fördert. Marketing ist mit Produktentwicklung, Vertrieb, Kundenservice und mehr verknüpft; Daher kann eine kooperative Kultur, in der Teams konstruktiv diskutieren, sich abstimmen und Fehler beheben, zu integrierteren und wirkungsvolleren Kampagnen führen. Regelmäßige abteilungsübergreifende Treffen und offene Kommunikationskanäle können dies erleichtern.

Aufbau einer Lernumgebung

Verhätschelte Selbstzufriedenheit kann das Wachstum bremsen. Ein leistungsstarkes Team strebt nach kontinuierlicher Verbesserung und pflegt eine Lernmentalität. Als CMO ist es notwendig, ein Umfeld zu schaffen, das

Lerninitiativen fördert – Schulungsprogramme, Workshops, Mentoring-Programme und Zugang zu Vordenkern oder inspirierenden Persönlichkeiten der Branche. Durch kontinuierliches Lernen bleiben Teams vielseitig, haben ein ganzheitliches Verständnis und sind stets bereit, sich in unserer schnelllebigen, sich ständig weiterentwickelnden Branche anzupassen.

Stärkung der Teammitglieder

Ein befähigtes Team verfügt über die Autorität und Autonomie, Entscheidungen zu treffen. Dies steigert nicht nur die Effizienz und Anpassungsfähigkeit, sondern erhöht auch die Arbeitszufriedenheit und das Engagement. Es bedeutet, den Teams die notwendigen Ressourcen und Anleitung zur Verfügung zu stellen und ihnen dann die Ausführung von Aufgaben anzuvertrauen. Mikromanagement schwächt die Arbeitsmoral und die Produktivität, aber befähigte Personen fühlen sich wertgeschätzt und sind eher bereit, ihr Bestes zur Erreichung der Teamziele zu geben.

Erfolge anerkennen und belohnen

Schließlich ist die Anerkennung und Belohnung von Team- und Einzelerfolgen von grundlegender Bedeutung. Es fördert Motivation, Arbeitszufriedenheit und Loyalität und schafft gleichzeitig eine leistungsorientierte Kultur. Auszeichnungen, mündliches Lob, lukrative Prämien und Beförderungen sind einige Methoden zur Anerkennung herausragender Arbeit.

Die Umsetzung dieser Strategien garantiert keine Transformation über Nacht, doch mit Beharrlichkeit und effektiver Führung schaffen sie die Grundlage für eine Hochleistungsteamkultur. Durch die Förderung der Zusammenarbeit werden Teams zu mehr als der Summe ihrer Teile – sie werden zu einer hochfunktionalen Einheit, die in der Lage ist, außergewöhnliche Ergebnisse zu erzielen.

Die Bedeutung der kollaborativen Arbeitskultur für Hochleistungsteams

Das moderne Hochleistungsteam besteht aus einer vielfältigen Gruppe von Einzelpersonen, von denen jeder einzigartige Fähigkeiten, Erfahrungen und Perspektiven mitbringt. Das Ziel besteht darin, diese Unterschiede zu nutzen, um Innovation und Leistung effektiv voranzutreiben. Dies zu erreichen ist jedoch keine einfache Aufgabe. Es erfordert eine klar definierte Arbeitskultur, die auf gegenseitigem Respekt, Vertrauen und Zusammenarbeit basiert. Die Art dieser Arbeitskultur hängt weitgehend von den Werten und Prinzipien ab, die der CMO (Chief Marketing Officer) propagiert.

1. Förderung der Einheit durch Vielfalt und Inklusion

Ein leistungsstarkes Team muss vielfältiges Denken und unterschiedliche Perspektiven berücksichtigen. Diese Vielfalt kann Kreativität und Wachstum vorantreiben. Es kann jedoch auch zu Konflikten führen, wenn es nicht effektiv gehandhabt wird. Als leistungsstarker CMO ist es wichtig, ein integratives Umfeld zu schaffen, in dem sich jeder wertgeschätzt fühlt. Dies wird durch die Definition und Kommunikation klarer Teamziele verstärkt, die auf die individuellen Stärken und Ambitionen abgestimmt sind. Dann wird die Idee gestärkt, dass jedes Mitglied individuell zum Erfolg des Teams beiträgt.

Es ist wichtig, Vielfalt zu feiern, anstatt zuzulassen, dass sie zu einer Quelle der Spaltung wird. Fördern Sie Teambuilding-Aktivitäten, Cross-Training-Möglichkeiten und schaffen Sie Plattformen für eine reibungslose Kommunikation. Dazu kann die Einrichtung regelmäßiger Teambesprechungen, die Einrichtung konstruktiver Feedbackkanäle und die Förderung von Diversity-Initiativen gehören.

2. Gewährleistung einer effektiven Kommunikation

Leistungsstarke Teams leben von offener, offener und kontinuierlicher Kommunikation. Die Verantwortung liegt beim CMO, eine Kommunikationskultur zu schaffen, in der sich jeder sicher und wohl fühlt, Ideen, Feedback und Bedenken auszutauschen. Ebenso wichtig ist die regelmäßige persönliche Kommunikation mit den Teammitgliedern, um individuelle Probleme anzusprechen und die Gesundheit des Teams im Auge zu behalten.

Ebenso wichtig ist die klare Formulierung der Ziele und Erwartungen des Teams zu Beginn. Die gesetzten Ziele sollten SMART sein – spezifisch, messbar, erreichbar, realistisch und zeitbasiert, und im Einklang mit dem gesamten strategischen Plan des Unternehmens stehen.

3. Förderung einer Kultur des Lernens und der Innovation

Das Hochleistungsteam muss kontinuierlich lernen und innovativ sein. Es liegt in der Verantwortung des CMO, ein Umfeld zu schaffen, das kontinuierliches Lernen, Weiterqualifizierung und Innovation fördert.

Ermutigen Sie die Teammitglieder, Risiken einzugehen und zu experimentieren. Planen Sie Zeit für Ideenfindung und Brainstorming ein. Schätzen und feiern Sie innovative Ideen, die möglicherweise Veränderungen im Team und in der Organisation bewirken können. Bieten Sie außerdem Möglichkeiten zum kontinuierlichen Lernen durch regelmäßige Workshops, Seminare, Webinare und Kurse.

4. Verantwortung entwickeln

Jeder in einem Hochleistungsteam sollte sich für seine Rollen, Prozesse und Ergebnisse verantwortlich und verantwortlich fühlen. Ein CMO muss eine Kultur aufbauen, in der sich die Mitarbeiter ihrer Verantwortung stellen und aktiv zu den Zielen des Teams beitragen.

Das Teilen von Fortschrittsberichten, die Durchführung regelmäßiger Leistungsüberprüfungen und die Präsentation ihrer Beiträge durch Teammitglieder können die Verantwortlichkeit innerhalb des Teams stärken.

5. Leistung anerkennen und belohnen

Die öffentliche Anerkennung von Leistungen steigert die Teammoral erheblich und fördert bessere Leistungen. Das Belohnen und Feiern individueller und Teamleistungen schafft ein Gefühl von Stolz und Zugehörigkeit unter den Mitgliedern. Dies kann von einfachen Anerkennungen in Teambesprechungen, Auszeichnungen, Belohnungen oder sogar Beförderungen reichen, die den Wert zeigen, den die Organisation auf harte Arbeit und Ergebnisse legt.

Ein Hochleistungsteam entsteht nicht von ungefähr; es wird kultiviert. Als CMO bringt die Förderung einer kollaborativen Arbeitskultur mit einer klaren Vision, offener Kommunikation, kontinuierlichem Lernen, Verantwortlichkeit und

angemessener Anerkennung Ihr Team auf den Weg zu
Höchstleistungen.

VII.1 Die Bedeutung des Aufbaus leistungsstarker Teams

Der Aufbau leistungsstarker Teams ist in der heutigen schnelllebigen und wettbewerbsintensiven Geschäftslandschaft von entscheidender Bedeutung. Diese Teams, die aus Einzelpersonen mit einzigartigem Fachwissen und Fähigkeiten bestehen, können Innovationen vorantreiben, das Wachstum beschleunigen und die Gesamtleistung einer Organisation verbessern. Als Chief Marketing Officer (CMO) ist die Fähigkeit, leistungsstarke Teams aufzubauen, zu verwalten und zu leiten, eine wichtige Voraussetzung.

Hochleistungsteams weisen eine kollektive Intelligenz auf, die über die Summe ihrer individuellen Fähigkeiten hinausgeht. Es geht nicht nur darum, Mitglieder zu haben, die hohe Leistungen erbringen. Effektive Teams erfordern eine Umgebung, in der die Fähigkeiten jedes Mitglieds eine Plattform erhalten, auf der es glänzen und einen sinnvollen Beitrag leisten kann. Sie verfügen in der Regel über eine robuste und kollaborative Struktur, die gemeinsame Ziele, klar definierte Rollen, offene Kommunikation, Vertrauen und Respekt für die Fähigkeiten des anderen umfasst.

VII.2 Strategien zum Aufbau leistungsstarker Teams

1. **Setzen Sie klare Erwartungen:** Als CMO sollten Sie klare Erwartungen formulieren, die mit der Mission und den Zielen der Organisation übereinstimmen. Teammitglieder sollten sich darüber im Klaren sein,

was von ihnen erwartet wird und wie ihre
Bemühungen zu den größeren Zielen beitragen.
2. **Vielfalt und Inklusion fördern:** Es ist wichtig, ein
   Team mit unterschiedlichen Hintergründen und
   Perspektiven zu bilden. Eine vielfältige Gruppe
   entwickelt eher innovative Ideen, da sie Situationen
   unterschiedlich angeht.
3. **Fördern Sie eine offene
   Kommunikationsumgebung:** Hochleistungsteams
   gedeihen in offenen Kommunikationsumgebungen, in
   denen Ideen frei geteilt und diskutiert werden können.
4. **Fördern Sie kontinuierliches Lernen und
   Weiterentwicklung:** Eine Umgebung, die die
   Weiterqualifizierung fördert, kann dem Team helfen,
   mit den neuesten Trends Schritt zu halten und seine
   Gesamtkompetenz und Leistung zu verbessern.
5. **Schaffen Sie Verantwortlichkeit und
   Verantwortung:** Jedes Teammitglied sollte für seine
   Handlungen und Verantwortlichkeiten zur
   Verantwortung gezogen werden, um Verantwortung
   zu fördern und ein Gefühl der Eigenverantwortung zu
   fördern.

VII.3 Führen von Hochleistungsteams

Die Führung von Hochleistungsteams umfasst mehr als nur
deren Führung. Es erfordert einen differenzierteren und
komplexeren Ansatz, der Vertrauensaufbau, effektive
Kommunikation, die Festlegung der richtigen Kennzahlen
und mehr umfasst. Hier sind einige Strategien, die
funktionieren können:

1. **Schaffen und pflegen Sie eine positive Kultur:** Die
   Arbeitskultur spielt eine entscheidende Rolle für die
   Teamleistung. Der Leiter muss für ein positives und

ansprechendes Umfeld sorgen, das die
Teammitglieder motiviert.
2. **Geben Sie Feedback und Anerkennung:**
Regelmäßiges Feedback, sowohl konstruktiv als auch
wertschätzend, ist wichtig, um die Leistung zu
verbessern und die Teammitglieder motiviert zu
halten.
3. **Zeigen Sie entscheidungsfreudige Führung:** Eine
entscheidungsfreudige Führungskraft fördert das
Vertrauen im Team. Entschlossenheit beruht auf
guter Information, gesundem Urteilsvermögen und
dem Mut, kalkulierte Risiken einzugehen.

VII.4 Schlüsselmetriken zur Überwachung der Teamleistung

Neben dem Aufbau leistungsstarker Teams ist es ebenso
wichtig, deren Leistung zu überwachen und bei Bedarf
Anpassungen vorzunehmen. Die folgenden häufig
verwendeten Metriken können Ihnen umsetzbare
Erkenntnisse liefern:

1. **Produktivität:** Dies misst die Leistung des Teams
über einen bestimmten Zeitraum.
2. **Qualität:** Hiermit wird die Qualität der vom Team
geleisteten Arbeit beurteilt.
3. **Effizienz:** Hierbei wird untersucht, wie gut
Teammitglieder die ihnen zur Verfügung stehenden
Ressourcen nutzen, um ihre Ziele zu erreichen.
4. **Mitarbeiterzufriedenheit:** Ein zufriedener Mitarbeiter
ist im Allgemeinen produktiver, engagierter und
verlässt das Unternehmen seltener.

Durch das Verständnis, die Implementierung und das
Management dieser Aspekte von Hochleistungsteams trägt
ein CMO nicht nur zum Erfolg seines Teams bei, sondern

auch zu dem Wert, den es für die Organisation bringt. Dieses Kapitel diente als Grundlage für den Aufbau und die Führung von Hochleistungsteams und lieferte Ihnen Strategien, Richtlinien und Kennzahlen zur Messung und Optimierung der Leistung. In den folgenden Abschnitten gehen wir tiefer auf die einzelnen Strategien ein und geben umsetzbare Tipps, wie Sie sie umsetzen können.

7.1 Die Macht von Metriken beim Aufbau leistungsstarker Teams

Der wahre Wert eines CMO wird durch die Ergebnisse definiert, die angesichts ständiger Marktveränderungen und intensiven Wettbewerbs erzielt werden. Selbstverständlich spielt die Qualität des Marketingteams eine entscheidende Rolle bei der Erreichung dieser Ziele. Daher wird die Einführung eines kennzahlbasierten Ansatzes beim Aufbau und der Führung von Hochleistungsteams von entscheidender Bedeutung.

7.1.1. Auswahl der „richtigen" Metriken

Der erste Schritt besteht darin, die richtigen Kennzahlen auszuwählen, die mit den strategischen Zielen des Unternehmens übereinstimmen. In der Regel handelt es sich dabei um Kennzahlen zu Produktbekanntheit, Marktwachstum, Kundenakquise, Lead-Konvertierung, Kundenbindung, Customer Lifetime Value, Kundenzufriedenheit und Markentreue.

Der Schlüssel hier besteht darin, die Auswahl zu vieler Metriken zu vermeiden. Nicht jede Kennzahl ist notwendig oder sogar nützlich. Als CMO müssen Sie die Kennzahlen optimieren, damit sie die kurz- und langfristigen strategischen Ziele Ihres Unternehmens wirklich widerspiegeln.

7.1.2. Einbeziehung von Metriken in die Leistungsbewertung

Sobald die geeigneten Kennzahlen ausgewählt sind, ist es an der Zeit, sie in die Leistungsbewertung jedes Teammitglieds zu integrieren. Dies motiviert das Team, diese spezifischen Ziele im Fokus zu behalten und fördert die Verantwortung. Durch die strategische Einbeziehung dieser Kennzahlen in Leistungsbeurteilungen, Anreize, Boni und das Erreichen wichtiger Ergebnisbereiche (KRAs) können Sie Ihr Team effektiv zu Höchstleistungen antreiben.

7.1.3. Überwachen Sie den Fortschritt und ergreifen Sie rechtzeitig Maßnahmen

Nach der Einrichtung des kennzahlenbasierten Bewertungssystems ist es wichtig, den Fortschritt konsequent zu messen und notwendige Anpassungen vorzunehmen. Nutzen Sie Business-Intelligence- und Analysetools, um die Leistung in Echtzeit zu überwachen. Schnelle Anpassungen können das Team wieder auf den richtigen Weg bringen, wenn es scheinbar vom Kurs abgekommen ist.

7.1.4. Förderung einer Kultur der kontinuierlichen Verbesserung

Die Schaffung eines Umfelds, das Wert auf kontinuierliche Verbesserung legt, ist der Kern jedes leistungsstarken Teams. Dabei geht es sowohl darum, Erfolge zu feiern als auch zu erkennen, wo Verbesserungspotenzial besteht.

Durch die kontinuierliche Bewertung und Anpassung Ihres Ansatzes wird sich Ihr Team ebenfalls an einen sich entwickelnden Markt anpassen und seine Effektivität im Laufe der Zeit verbessern.

7.2 Leistungspfade für leistungsstarke Teams

Ein leistungsstarkes Team entsteht nicht über Nacht. Es ist eine Reise, auf der es darum geht, Stärken zu nutzen, Lücken zu schließen und unermüdlich danach zu streben, gemeinsame Ziele zu erreichen. Hier sind einige Wege, die erfolgreiche Marketingleiter eingeschlagen haben:

7.2.1. Klare und zusammenhängende Vision

Eine klare und kohärente Vision gibt dem Team Orientierung und Ziel. Als CMO ist es Ihre Pflicht, diese Vision während Ihrer gesamten Führungsreise zu artikulieren, zu fördern und aufrechtzuerhalten.

7.2.2. Autonomie und Vertrauen

Geben Sie Ihrem Team Autonomie – vertrauen Sie darauf, dass es über die Fähigkeiten und das Wissen verfügt, um seine Arbeit effektiv zu erledigen. Dies erzeugt ein Gefühl der Eigenverantwortung und Verantwortung und spornt sie zu Höchstleistungen an.

7.2.3. Harte Arbeit belohnen und anerkennen

Die Anerkennung und Belohnung harter Arbeit und Erfolge trägt wesentlich zur Steigerung der Arbeitsmoral bei. Es würdigt die harte Arbeit des Teams und stärkt das Verhalten, das zum Erfolg führt.

7.3 Aufbau von Wegen und Strategien: Die Rolle des CMO

7.3.1. Vorbildfunktion

Als CMO sollten Sie die Werte, Einstellungen und Verhaltensweisen verkörpern, die Sie in Ihrem Team sehen möchten. Wenn Ihr Team sieht, dass Sie hart arbeiten, Risiken eingehen, aus Fehlern lernen und Erfolge feiern; Sie sind motiviert, dasselbe zu tun.

7.3.2. Individuelle Stärken erkennen und optimieren

Verstehen Sie die einzigartigen Stärken Ihrer Teammitglieder und nutzen Sie sie zur Erreichung Ihrer Geschäftsziele. Dies trägt zur Optimierung der Teamleistung bei und stellt sicher, dass jedes Teammitglied eine Rolle spielt, die seinen Fähigkeiten entspricht.

7.3.3. Erleichterung der Zusammenarbeit und Kommunikation

Ein leistungsstarkes Team lebt von Zusammenarbeit und Kommunikation. CMOs sollten eine offene und ehrliche Kommunikation ermöglichen und eine Kultur fördern, in der Zusammenarbeit anerkannt und belohnt wird.

Der Weg zum leistungsstarken CMO beinhaltet den Aufbau und die Führung leistungsstarker Teams. Und die Beherrschung der Verwendung von Kennzahlen, die

Entwicklung von Leistungspfaden und die Anwendung strategischer Führungsansätze sind für diesen Weg von grundlegender Bedeutung. Durch den Einsatz dieser Methoden können CMOs ihre Teams effektiv zu außergewöhnlichen Leistungen führen und so die Wettbewerbsfähigkeit des Unternehmens erfolgreich steigern.

A. Einführung in Teammanagement und Führung im Marketingbereich

Ein leistungsstarker Chief Marketing Officer (CMO) zu sein, bedeutet mehr als nur erstklassige Marketingfähigkeiten. Es umfasst ein ausgeprägtes Verständnis für effektives Teammanagement und Führung. Die Führung eines Teams erfordert die Entwicklung eines umfassenden Ansatzes, der alle Aspekte des Managements berücksichtigt, einschließlich Einstellung, Entwicklung, Motivation und Bindung von Teammitgliedern.

Der leistungsstarke CMO ist eine Person, die nicht nur Konzepte und Strategien entwickelt, sondern auch einen kollektiven Ansatz verfolgt und so die Zusammenarbeit und hervorragende Leistung ihres Teams bei verschiedenen Projekten und Initiativen sicherstellt. Darüber hinaus fördern sie eine Kultur der Kreativität, Zusammenarbeit, Transparenz und Verantwortlichkeit.

ich. Schlüsselprinzipien effektiver Führung

1. Vision

Hinter jedem erfolgreichen Team steht eine klare und überzeugende Vision. Visionen geben die Richtung vor, setzen Prioritäten und motivieren Ihre Teammitglieder. Als leistungsstarker CMO liegt es in Ihrer Verantwortung, Ihr Team mit einer gemeinsamen Vision für die Zukunft zu inspirieren.

2. Ermächtigung

Stärken Sie Ihre Teammitglieder, indem Sie ihnen die Ressourcen, das Wissen und die Autonomie zur Verfügung stellen, die sie für den Erfolg benötigen. Ein gestärktes Team ist engagierter, produktiver und bleibt mit größerer Wahrscheinlichkeit langfristig im Unternehmen.

3. Kommunikation

Effektive Kommunikation ist eine entscheidende Führungskompetenz. Stellen Sie sicher, dass die Ziele, Strategien und Fortschritte des Teams klar kommuniziert und verstanden werden. Hören Sie sich die Ideen, Herausforderungen und Rückmeldungen Ihrer Teammitglieder an und schaffen Sie ein Umfeld, in dem offene und ehrliche Kommunikation gefördert wird.

4. Anerkennung

Erkennen und schätzen Sie die Bemühungen und Erfolge Ihres Teams. Anerkennung steigert die Moral, steigert das Engagement und ermutigt die Teammitglieder, weiterhin Höchstleistungen zu erbringen.

5. Kontinuierliche Verbesserung

Fördern Sie kontinuierliche Verbesserungen, indem Sie Feedback einholen, die Leistung analysieren und bei Bedarf Änderungen umsetzen. Schaffen Sie eine Kultur des

Lernens und Wachstums, in der Fehler als Chance zum
Lernen und zur Verbesserung gesehen werden.

ii. Die Rolle der Teamdynamik

Neben wirksamen Führungsprinzipien ist das Verständnis
und die Förderung positiver Teamdynamiken entscheidend
für den Aufbau und die Führung leistungsstarker Teams.

1. Teamzusammenhalt

Unter Teamzusammenhalt versteht man die Bindung, die
das Team zusammenhält. Es wirkt sich auf das Engagement
des Teams für seine Aufgaben, seine Loyalität gegenüber
der Organisation und seine Bereitschaft zur
Zusammenarbeit und Zusammenarbeit aus.

2. Kollaborative Entscheidungsfindung

Die Einbindung von Teammitgliedern in
Entscheidungsprozesse kann ihr Engagement für das
Ergebnis und ihre Verantwortung für die Umsetzung der
Entscheidung erhöhen.

iii. Leistungsmanagement

Leistungsmanagement umfasst Aktivitäten, die sicherstellen,
dass Ziele effizient und effektiv erreicht werden. Es handelt
sich um einen kontinuierlichen Prozess, der die Festlegung
von Zielen, die Bewertung des Fortschritts, die Entwicklung
von Verbesserungsplänen und die Unterstützung der
Teammitglieder bei der Erreichung ihrer Ziele umfasst.

Ein leistungsstarker CMO verfolgt beim
Leistungsmanagement einen strategischen Ansatz, indem er

individuelle Ziele mit den Gesamtzielen der Organisation in Einklang bringt, fortlaufendes Coaching und Feedback bietet und Möglichkeiten zur beruflichen Weiterentwicklung bietet.

iv. Entwicklung und Implementierung von Schulungsprogrammen

Schulungs- und Entwicklungsprogramme können die Leistung und Produktivität Ihres Teams erheblich steigern. Sie überbrücken die Lücke zwischen den aktuellen Fähigkeiten und den Fähigkeiten, die für eine erfolgreiche Ausübung der Tätigkeit erforderlich sind.

Machen Sie es als CMO zu einer Priorität, den Schulungsbedarf Ihres Teams zu ermitteln, relevante Schulungsprogramme zu entwickeln und deren Wirksamkeit regelmäßig zu bewerten.

V. Förderung eines positiven Arbeitsumfelds

Ein positives Arbeitsumfeld inspiriert zur Teamarbeit, fördert die Arbeitsmoral, zieht Talente an und steigert die Produktivität. Dazu gehören Elemente wie Respekt, Vertrauen, offene Kommunikation sowie Wachstums- und Entwicklungsmöglichkeiten.

Durch die Förderung einer Kultur, die auf Positivität basiert, steigern Sie das Engagement, die Zusammenarbeit und die Leistung Ihrer Teammitglieder.

Abschluss

Zusammenfassend lässt sich sagen, dass der Aufbau und die Führung von Hochleistungsteams über die Zuweisung von Aufgaben und die Überwachung des Fortschritts hinausgehen. Dazu gehört es, eine Vision zu schaffen, Ihr Team zu stärken, die Kommunikation zu erleichtern, Anerkennung zu geben, kontinuierliche Verbesserungen zu fördern, eine positive Teamdynamik zu fördern, die Leistung intelligent zu verwalten, effektive Schulungsprogramme umzusetzen und eine positive Arbeitskultur zu schaffen. Dadurch kann ein leistungsstarker CMO seinen Teams ermöglichen, ihr höchstes Potenzial auszuschöpfen und so die Marketingeffektivität des gesamten Unternehmens zu steigern.

VIII. Als CMO durch die digitale Transformation navigieren

Kapitel 8.1: Die Rolle digitaler Metriken bei der Leistungssteigerung verstehen

In der Welt des digitalen Marketings haben sich Daten und Kennzahlen zum Rückgrat von Entscheidungsprozessen entwickelt. Als leistungsstarker Chief Marketing Officer (CMO) ist es für die erfolgreiche Bewältigung der digitalen Transformation von größter Bedeutung, die Vorteile digitaler Kennzahlen zu verstehen und zu nutzen.

Die Macht digitaler Metriken

Digitale Kennzahlen ermöglichen eine objektive Einschätzung der Position eines CMO und potenzieller Wege dorthin, wo er sein möchte. Jede Metrik ist ein Leitfaktor, der Einblicke in das Kundenverhalten, die Marketingleistung und die Wettbewerbsfähigkeit des Unternehmens in der digitalen Landschaft bietet. Sie ermöglichen eine fundierte Entscheidungsfindung und ermöglichen es Ihnen, schnell und strategisch auf Veränderungen im digitalen Markt zu reagieren.

Wichtige Marketingkennzahlen für einen CMO

Um die zielgerichtete Marketingstrategie eines Unternehmens umzusetzen, müssen Sie sich als CMO auf einige Schlüsselkennzahlen konzentrieren:

1. Kundenakquisekosten (CAC)

Mit dieser Kennzahl können Sie die Kosten für die Akquise eines neuen Kunden messen und so besser verstehen, ob die Marketing- und Vertriebsausgaben des Unternehmens effizient sind oder optimiert werden müssen.

2. Customer Lifetime Value (CLV)

Indem Sie den Gesamtwert messen, den ein Kunde Ihrem Unternehmen über seine gesamte Kundenlebensdauer hinweg bringt, können Sie Ihr Marketingbudget strategisch planen und das zukünftige Wachstum Ihres Unternehmens besser vorhersagen.

3. Conversion-Raten

Ganz gleich, ob sich Website-Besucher in zahlende Kunden verwandeln oder aus erfolgreichen Leads Verkäufe werden – mithilfe der Conversion-Raten können Sie die Wirksamkeit Ihrer Marketing- und Vertriebsstrategie beurteilen.

4. Return on Marketing Investment (ROMI)

Indem Sie die Höhe des Umsatzes berechnen, der mit jedem ausgegebenen Marketing-Dollar erzielt wird, können Sie die Rentabilität von Marketingkampagnen bewerten und Strategien basierend auf den Ergebnissen anpassen.

5. Marketing Qualified Leads (MQL) und Sales Qualified Leads (SQL)

Diese Kennzahlen messen die Qualität und Quantität der generierten Leads und helfen Ihnen, diejenigen, die zum Kauf bereit sind (SQLs), von anderen zu unterscheiden, die einer weiteren Pflege bedürfen (MQLs).

6. Engagement-Kennzahlen

Die Betrachtung von Kennzahlen wie Absprungrate, Verweildauer auf der Website, Seiten pro Besuch sowie Öffnungs- und Klickraten und anderen liefert Erkenntnisse darüber, wie Verbraucher mit Ihrer digitalen Präsenz interagieren.

Strukturierung eines digitalen Metrik-Frameworks

Entwerfen Sie im Rahmen des digitalen Transformationsprozesses ein geeignetes digitales Metrik-Framework. Bieten Sie als CMO eine definierte Struktur und Transparenz für verschiedene Aspekte wie Datenerfassung, Metrikauswahl, Datenanalyse und Strategieänderung. Jedes davon sollte mit den allgemeinen Geschäftszielen verknüpft sein und sicherstellen, dass die Bemühungen, die Sie in die digitale Transformation stecken, eng mit den übergeordneten Zielen der Organisation verknüpft sind.

Quantifizierung digitaler Kennzahlen in eine Strategie

Ein leistungsstarker CMO versteht diese Kennzahlen nicht nur, sondern weiß auch, wie er sie in die Formulierung robuster Strategien integrieren kann. Von der Segmentierung über das Targeting bis hin zur Positionierung sollte jede Facette Ihrer Marketingstrategie diese Kennzahlen nutzen, um präzisere, datengesteuerte Entscheidungen zu treffen.

Da sich die digitale Landschaft ständig weiterentwickelt, können Sie sich dank einer klaren, auf Kennzahlen basierenden Ansicht schnell anpassen und den Return on Investment Ihrer Marketingaktivitäten verbessern. Es ermöglicht Ihnen außerdem, die Ergebnisse Ihrem Team, Ihren Stakeholdern und anderen wichtigen Entscheidungsträgern in Ihrem Unternehmen effektiver zu kommunizieren und so das Wertversprechen Ihrer Marketinginitiativen zu unterstreichen.

Abschluss

Um als CMO erfolgreich durch die digitale Transformation zu navigieren, ist ein umfassendes Verständnis digitaler Kennzahlen, ihrer Relevanz und ihrer systematischen Umsetzung in strategische Entscheidungen erforderlich. Wenn Sie diese Elemente beherrschen, erhalten Sie die notwendigen Werkzeuge, um das Unternehmen bei der Verwirklichung seiner Ziele im digitalen Raum voranzutreiben. Denken Sie daran: Im Zeitalter der digitalen

Transformation ist ein leistungsstarker CMO ein datengesteuerter CMO.

Unterabschnitt: Segel setzen im riesigen Meer der digitalen Transformation: Strategien, Initiativen und Herausforderungen

In diesem digitalen Zeitalter muss ein Chief Marketing Officer (CMO) mehrere Aufgaben übernehmen und seine Stärke darauf richten, die digitale Transformation innerhalb des Unternehmens zu orchestrieren. Die Navigation durch die stürmischen Gewässer der digitalen Transformation kann eine Herausforderung sein. Mit robusten Strategien und datengesteuerten Wegen kann ein CMO jedoch den Wind des Wandels effektiv zum Vorteil des Unternehmens nutzen.

Erster Akt: Digitale Transformation verstehen

Um reibungslos durch das Meer der digitalen Transformation zu navigieren, müssen CMOs zunächst verstehen, was die digitale Transformation wirklich bedeutet. Im Wesentlichen bezieht sich die digitale Transformation auf die Integration digitaler Technologie in allen Bereichen einer Organisation. Aber es handelt sich nicht nur um einen technologischen Wandel; Es umfasst auch einen Kulturwandel, der einen Wandel hin zu einer experimentierfreudigeren, anpassungsfähigeren und agileren Denkweise mit sich bringt.

Zweiter Akt: Den Weg anlegen

Im Grunde ist die digitale Transformation ein Spiel, bei dem es um Strategie geht. CMOs müssen die digitale Reise des Unternehmens sorgfältig planen.

- **Identifizierung und Priorisierung:** CMOs müssen Bereiche im Marketingbereich identifizieren, die die stärkste strategische Wirkung aus der digitalen Transformation ziehen würden. Zu den Bereichen mit großer Wirkung gehören in der Regel Kundenbindung, Datenanalyse, ROI-Verfolgung und die Entwicklung neuer digitaler Angebote. Durch die Priorisierung der Schwerpunktbereiche wird sichergestellt, dass die Ressourcen der Organisation optimal genutzt werden.
- **Zielsetzung:** Um die Bemühungen der Organisation auf ein einheitliches Narrativ auszurichten, müssen CMOs klare und messbare Ziele festlegen. Die Ziele könnten beispielsweise von der Steigerung der Kundenbindung durch Omnichannel-Marketing bis hin zur Verbesserung der datengesteuerten Entscheidungsfindung reichen.
- **Roadmap-Entwicklung:** Sobald diese Ziele definiert sind, müssen CMOs einen umfassenden Aktionsplan entwerfen. Dieser Plan sollte den Zeitplan, die erforderlichen Ressourcen und spezifische Initiativen zur Aufrechterhaltung der Transformation detailliert beschreiben.

Dritter Akt: Entwicklung robuster Strategien

Die Strategie des CMOs sollte so dynamisch sein wie die digitale Transformation selbst.

- **Agiles Marketing:** In einer Zeit der schnellen digitalen Entwicklung müssen CMOs agile Marketingmethoden einführen, bei denen

Interaktionen, Einzelpersonen, funktionierende Software und Kundenzusammenarbeit Vorrang vor umfassender Dokumentation und strikter Einhaltung von Plänen haben.
- **Datengesteuerte Entscheidungsfindung:** CMOs müssen sich auf Kennzahlen konzentrieren und Daten nutzen, um ihre Entscheidungen zu treffen. Dieser Wandel hin zu datengesteuertem Marketing hilft nicht nur bei der qualitativen Bewertung von Marketingkampagnen, sondern hilft auch bei der Vorhersage zukünftiger Trends.
- **Kundenzentrierter Ansatz:** Die digitale Transformation eröffnet verschiedene Kanäle für die Kundeninteraktion. Durch die Konzentration auf einen kundenorientierten Ansatz können CMOs personalisierte, nahtlose und ansprechende Kundenerlebnisse sowohl auf digitalen als auch auf Offline-Kanälen schaffen.

Vierter Akt: Herausforderungen meistern

Wie jedes große Unterfangen birgt auch die digitale Transformation ihre eigenen Herausforderungen.

- **Widerstand gegen Veränderungen:** Die häufigste Herausforderung für CMOs ist der Widerstand gegen Veränderungen im Unternehmen. Um die digitale Innovation voranzutreiben, ist es unerlässlich, traditionelle Silos aufzubrechen und eine experimentierfreudige und fehlertolerante Kultur zu fördern.
- **Kompetenzlücke:** Bei der Einführung neuer Technologien besteht häufig eine Qualifikationslücke. CMOs müssen diesem Problem begegnen, indem sie Schulungsmöglichkeiten anbieten und lebenslanges Lernen fördern.

Zusammenfassend lässt sich sagen, dass die Reise durch die digitale Transformation so etwas wie das Segeln in unbekannte Gewässer ist: Sie wird von einer Strategie gesteuert, von einer umfassenden Karte geleitet und bringt ihre einzigartigen Herausforderungen mit sich. Aber mit einer ruhigen Hand an der Spitze – dem CMO – überwiegen die Belohnungen die anfänglichen Schwierigkeiten bei weitem und ermöglichen ein beispielloses Maß an Innovation, Kundenbindung und Markterfolg.

Transformation der CMO-Rolle im digitalen Zeitalter: Strategie und Taktik

Das digitale Zeitalter hat die Geschäftslandschaft dramatisch verändert, Markteintrittsbarrieren effektiv beseitigt und traditionelle Beschränkungen, die durch Geografie, Größe und Investitionsfähigkeit auferlegt werden, ausgehöhlt. Folglich ist die Neudefinition der CMO-Rolle zu einem wesentlichen Bestandteil auf dem Weg durch die digitale Transformation geworden.

Traditionell genügte es für CMOs, überzeugende Marketingstrategien zu entwickeln, die Markenidentität zu pflegen und Kundenbeziehungen zu verwalten. Im digitalen Zeitalter variiert die Rolle jedoch von Unternehmen zu Unternehmen, erfordert jedoch grundlegende Veränderungen in Bereichen wie Datenanalyse, Kundenerlebnis und digitalen Abläufen. In diesem Kapitel werden die wichtigsten Strategien und Taktiken untersucht, die erforderlich sind, um in einer digitalen Welt ein leistungsstarker CMO zu werden.

Nutzen Sie die Datenanalyse

Die digitale Transformation hat die Datenanalyse ins
Rampenlicht gerückt. Vermarkter haben mittlerweile Zugriff
auf riesige Datenmengen, doch um diese Daten vollständig
nutzen zu können, ist ein Maß an analytischer Raffinesse
erforderlich, das traditionell nicht mit der Rolle des CMO in
Verbindung gebracht wird. Der moderne CMO muss
Kenntnisse in der Interpretation von Analysen erwerben, um
Marketingentscheidungen zu treffen, fundierte
Kundeneinblicke abzuleiten und die Auswirkungen seiner
strategischen Marketinginitiativen in Echtzeit zu messen.
Dieser datengesteuerte Ansatz verändert nicht nur
Entscheidungsprozesse, sondern auch die Natur des
Marketings selbst.

Kundenerlebnis neu definieren

Die Erwartungen der Verbraucher von heute wachsen
ständig. Sie verlangen nahtlose, personalisierte Erlebnisse,
die ihre Bedürfnisse genau dann erfüllen, wenn sie
entstehen. Die Rolle des CMO besteht in diesem
Zusammenhang darin, die Organisation dieser Bedürfnisse
zu leiten und eine neue Partnerschaftsstrategie für das
Kundenerlebnis über alle Berührungspunkte hinweg zu
definieren und dabei digitale Tools und Technologien zu
nutzen. Dazu gehört der Einsatz von KI-Funktionen zur
Verbesserung der Personalisierung, die Implementierung
von Omnichannel-Strategien und die Förderung einer
proaktiven Interaktion mit Kunden.

Führen Sie agile Marketingmaßnahmen ein

Da die Grenze zwischen traditionellem und digitalem
Marketing verschwimmt, muss der CMO die

Marketingaktivitäten mit erhöhter Agilität verwalten. Die Einführung neuer Marketingtechnologien und ständige Marktveränderungen erfordern die Fähigkeit, schnell umzuschwenken, ohne strategische Ziele aufzugeben. Agile Marketingabläufe können den Entscheidungsprozess rationalisieren, Engpässe reduzieren, kontinuierliches Lernen unterstützen und die Reaktion auf Marktveränderungen beschleunigen.

Priorisieren Sie Innovation und Kreativität

Die digitale Transformation ist zwangsläufig disruptiv. CMOs müssen sich daher für Innovation und Kreativität einsetzen, sich außerhalb ihrer Komfortbereiche bewegen und eine Kultur fördern, die kalkulierte Risiken und Experimente fördert. Innovative Taktiken wie die Nutzung neuer Technologien, die Entwicklung bahnbrechender Content-Strategien und die Nutzung der Macht von Social-Media-Influencern können bei der Entwicklung einer effektiven Strategie für digitales Marketing von entscheidender Bedeutung sein.

Entwickeln Sie strategische Partnerschaften

Da die Auswirkungen von Marketingentscheidungen über die traditionellen Grenzen der Marketingabteilung hinausgehen, wird der Bedarf an Zusammenarbeit und strategischen Partnerschaften zwischen verschiedenen Funktionen innerhalb der Organisation immer wichtiger. Dies kann die Abstimmung mit der IT umfassen, um eine nahtlose Integration von Martech-Lösungen sicherzustellen, die

Zusammenarbeit mit dem Vertrieb, um sich an den Kundenbedürfnissen auszurichten, oder die Zusammenarbeit mit der Finanzabteilung, um Marketinginitiativen mit messbaren Geschäftsergebnissen zu verknüpfen.

Technische Vision setzen

Von grundlegender Bedeutung für die Rolle des CMO im digitalen Zeitalter ist die Fähigkeit, die technologische Vision der Marketingabteilung zu inspirieren und voranzutreiben. Dazu gehört die Identifizierung und Integration neuer Marketingtechnologien, das Verständnis der strategischen Auswirkungen technologischer Veränderungen und die Erleichterung von Technologieinvestitionen, die die Marketingwirksamkeit unterstützen.

Die Zukunft der CMO-Rolle

Angesichts der fortschreitenden digitalen Transformation wird sich die Rolle des CMOs weiterentwickeln. Zukünftige CMOs müssen mit der sich ständig weiterentwickelnden Technologie vertraut sein, eine natürliche Neugier besitzen, die zu ständigem Lernen und Anpassungsfähigkeit führt, und in der Lage sein, verschiedene Funktionen zu verwalten und eng mit einer Vielzahl von Interessengruppen zusammenzuarbeiten. Durch die Übernahme und Beherrschung dieser Strategien kann der moderne CMO erfolgreich durch die digitale Transformation navigieren und zu einem leistungsstarken Marktführer im digitalen Zeitalter werden.

Entwicklung einer Strategie für die digitale Transformation: Der CMO-Leitfaden

Im modernen Marketing geht es nicht mehr um kreative Kampagnen und einprägsame Slogans. Im heutigen digitalen Zeitalter erweitert sich die Rolle eines CMO über die traditionellen Grenzen hinaus. Sie sind nicht nur für die Markenführung und das Kundenerlebnis verantwortlich, sondern auch die digitale Transformation wird für sie zu einer zentralen Priorität. Das exponentielle Wachstum der Technologie hat Marken dazu veranlasst, ihre Strategien zu überdenken und neu auszurichten. Die Entwicklung einer robusten Strategie für die digitale Transformation wird für CMOs immer wichtiger, um in diesem Wettbewerbsumfeld die Nase vorn zu haben.

Digitale Transformation verstehen

Bei der digitalen Transformation geht es um die Integration digitaler Technologie in alle Bereiche eines Unternehmens, wodurch sich die Art und Weise ändert, wie Sie arbeiten und den Kunden einen Mehrwert bieten. Für CMOs bedeutet die digitale Transformation einen Wandel von Offline zu Online, von traditionellen zu digitalen Aktivitäten. Es bedeutet, die Leistungsfähigkeit von Daten, Analysen, KI, maschinellem Lernen und anderen digitalen Technologien zu nutzen, um die Kundenbindung und das Geschäftswachstum voranzutreiben.

Schlüsselelemente einer digitalen Transformationsstrategie

Die digitale Transformation kann entmutigend sein. Hier sind die Schlüsselelemente, die CMOs bei der Entwicklung einer

Strategie für die digitale Transformation berücksichtigen müssen:

1. **Vision und Führung:** Eine klare Vision ist von größter Bedeutung. CMOs müssen die Geschäftsziele ihres Unternehmens umfassend verstehen und wissen, wie die digitale Transformation dazu beitragen kann, diese Ziele zu erreichen. Eine starke Führung sorgt außerdem für eine reibungslose Umsetzung digitaler Strategien und ermutigt die gesamte Organisation, sich an der Vision der digitalen Transformation auszurichten.
2. **Kundenorientierung:** Letztendlich müssen sich alle Ihre Bemühungen zur digitalen Transformation um den Kunden drehen. CMOs müssen das digitale Verhalten, die Vorlieben, Bedürfnisse und Herausforderungen des Kunden verstehen. Der Einsatz von Kundendaten und -analysen könnte aufschlussreiche Trends liefern, um personalisierte Erlebnisse für Kunden maßgeschneidert zu gestalten.
3. **Technologieintegration:** CMOs sollten Prioritäten setzen, welche Technologien ihr Unternehmen im Rahmen der digitalen Transformation nutzen sollte. Dies könnte von Datenanalysen bis hin zu künstlicher Intelligenz, von Automatisierung bis hin zu maschinellem Lernen reichen. Die richtige Technologieintegration kann die Effizienz steigern und fortschrittliche Lösungen bereitstellen.
4. **Daten und Analysen:** Daten sind das neue Öl im digitalen Zeitalter. CMOs müssen die Bedeutung datengesteuerter Entscheidungsfindung verstehen. Analysen können umsetzbare Erkenntnisse liefern, die dazu beitragen können, das Kundenerlebnis zu verbessern, den ROI zu optimieren oder das allgemeine Geschäftswachstum voranzutreiben.

5. **Agilität und Innovation:** Nicht zuletzt müssen CMOs eine Kultur der Agilität und Innovation in ihrer Organisation fördern. Markttrends und Kundenpräferenzen ändern sich in der digitalen Welt schnell, und Agilität und Innovation tragen dazu bei, relevant und wettbewerbsfähig zu bleiben.

Wege zur digitalen Transformation

Der Weg der digitalen Transformation jedes Unternehmens ist einzigartig. CMOs können jedoch diesen allgemeinen Wegen folgen, um ihre Agenda für die digitale Transformation voranzutreiben:

1. *Bewerten Sie den digitalen Reifegrad:* Der erste Schritt besteht darin, den aktuellen digitalen Reifegrad Ihres Unternehmens zu verstehen. Dazu gehört die Bewertung vorhandener Technologien, Fähigkeiten, Ressourcen und der digitalen Bereitschaft Ihres Unternehmens.
2. *Identifizieren Sie die Lücke:* Stellen Sie fest, welche digitalen Fähigkeiten Sie benötigen, um die gesetzten Ziele zu erreichen, und vergleichen Sie sie mit Ihren aktuellen Fähigkeiten, um die Lücke zu identifizieren.
3. *Priorisieren Sie Investitionen: Priorisieren* Sie basierend auf der identifizierten Lücke die digitalen Initiativen, die mit Ihren Geschäftszielen übereinstimmen und den größten Einfluss auf die Leistung haben.
4. *Ausführen, Überwachen und Optimieren:* Implementieren Sie die digitalen Initiativen, überwachen Sie kontinuierlich die Leistung anhand festgelegter KPIs und verfeinern Sie die Strategie basierend auf Feedback und Ergebnissen.

Abschließende Gedanken

Die Bewältigung der digitalen Transformation ist im aktuellen digitalen Zeitalter ein Muss für jeden CMO. Es geht darum, Trends zu verstehen, die richtige Technologie zu nutzen, Innovationen voranzutreiben und vor allem den Kunden im Mittelpunkt zu halten. Als CMO kann die Leitung der digitalen Transformation den Erfolg des Unternehmens auf dem digitalen Markt erheblich beeinflussen. Handeln Sie klug, planen Sie strategisch und passen Sie sich weiterhin an die sich verändernde digitale Landschaft an.

Navigieren in der digitalen Transformation: Entschlüsselung der Kennzahlen für digitales Marketing

Als Chief Marketing Officer (CMO) erfordert die Bewältigung einer digitalen Transformation die Annahme unzähliger Strategien. Ein solches entscheidendes Element ist das Verständnis und die effektive Nutzung digitaler Marketingkennzahlen. Das Leben im digitalen Zeitalter erfordert die Fähigkeit, digitale Daten zu messen, zu analysieren und zu interpretieren, um Marketingentscheidungen und -strategien voranzutreiben. Zwangsläufig erweisen sich wichtige digitale Kennzahlen als einzigartige Leitfäden, um die Leistung zu verfolgen, das Verbraucherverhalten wahrzunehmen und die Marketingeffektivität zu steigern.

1.1 Warum digitale Marketingkennzahlen wichtig sind

In der digitalen Marketinglandschaft sind Kennzahlen von entscheidender Bedeutung, da sie quantifizierbare Maßstäbe für den Erfolg liefern. Sie bieten Einblicke in die Feinheiten von Online-Marketing-Bemühungen und helfen bei der Bewertung der Wirksamkeit spezifischer Strategien.

Zielgruppenverhalten, Engagement-Level, Konversionsraten – all dies kann durch verschiedene digitale Marketingkennzahlen verfolgt und analysiert werden. Agilität, eine Hauptanforderung für alle Unternehmen inmitten der schnellen digitalen Entwicklung, wird erheblich verbessert, wenn der CMO Kennzahlen nutzt, um Strategien anhand eingehender Daten anzupassen.

1.2 Die wesentlichen Kennzahlen für den modernen CMO

Obwohl zahlreiche Kennzahlen für digitales Marketing verfügbar sind, kann die Auswahl der richtigen Kennzahlen für Ihr Unternehmen überwältigend sein. Im Folgenden sind einige der wesentlichen Kennzahlen aufgeführt, auf die jeder CMO achten muss:

Engagement-Metriken : Diese quantifizieren den Grad, auf dem das Publikum mit Ihren Inhalten oder Ihrer Marke interagiert. Zu den Engagement-Metriken gehören Klickraten, Öffnungsraten, „Gefällt mir"-Angaben, Kommentare, Shares, Gebote usw. Das Verständnis dieser Metriken hilft bei der effektiven Anpassung von Inhalten, um das Engagement des Publikums zu steigern.

Conversion-Metriken : Conversion-Metriken sind für die Verfolgung des Return-on-Investment (ROI) von entscheidender Bedeutung und zeigen, wie viele Leads oder Benutzerinteraktionen letztendlich zu Verkäufen führen. Kennzahlen wie Conversion-Rate, Absprungrate, Exit-Rate usw. helfen dabei, digitale Marketingstrategien zu verfeinern, um die bestmöglichen Conversion-Raten zu erzielen.

Customer Lifetime Value (CLV) : CLV prognostiziert den Gesamtumsatz, den ein Unternehmen vernünftigerweise von einem einzelnen Kundenkonto erwarten kann. Es berücksichtigt den Umsatzwert eines Kunden und vergleicht diese Zahl mit der prognostizierten Kundenlebensdauer des Unternehmens. Es ist für die Planung langfristiger Geschäftsstrategien unerlässlich.

Cost-per-Acquisition (CPA) : Dies gibt an, wie viel Kosten Ihrem Unternehmen entstehen, um einen neuen Kunden zu gewinnen – entscheidend für die Budgetierung der Marketingkosten und die Berechnung des ROI.

Retention-Metriken : Benutzerbindungsraten, Abwanderungsrate usw. sind Schlüsselmetriken, die Aufschluss über den Grad der Kundenzufriedenheit und ihre Verbindung mit der Marke im Laufe der Zeit geben.

1.3 Metriken analysieren und anwenden: Die CMO-Perspektive

Um ein leistungsstarker CMO zu sein, müssen Sie nicht nur die relevanten Kennzahlen des digitalen Marketings verstehen, sondern diese auch effektiv analysieren und anwenden. Ein CMO sollte in der Lage sein, die Daten hinter diesen Kennzahlen zu interpretieren, wichtige Erkenntnisse zu gewinnen und diese Erkenntnisse dann anzuwenden, um die gesamte Marketingstrategie zu verbessern. Es geht darum, Daten in umsetzbare Erkenntnisse umzuwandeln, die zu echten Geschäftsergebnissen führen.

Wenn Sie als CMO regelmäßig Kennzahlen analysieren, um die Leistung Ihrer Marketinginitiativen zu messen, die Key Performance Indicators (KPIs) identifizieren und sich darauf konzentrieren, die mit Ihren Geschäftszielen übereinstimmen – und auf diesen Erkenntnissen basierende Strategien entwickeln –, führt dies zu einem effizienten und reaktionsfähigen digitalen Marketing Umfeld.

1.4 Metriken und eine kulturell informierte Strategie

Die schnelle digitale Transformation erfordert auch ein dynamisches Publikum. In einem solchen Szenario wird ein erfolgreicher CMO die Interpretation der Kennzahlen ständig anpassen und sie an kulturelle Trends und sich entwickelnde Kundenbedürfnisse anpassen. Eine kulturell fundierte Strategie, die sich an einer angemessenen Interpretation der Metriken orientiert, kann eine entscheidende Rolle bei der Resonanz beim Publikum, dem langfristigen Engagement und dem letztendlichen Geschäftswachstum spielen.

Zusammenfassend lässt sich sagen, dass der informierte und clevere Einsatz digitaler Marketingkennzahlen, die für die Bewältigung der digitalen Transformation von entscheidender Bedeutung sind, den Unterschied zwischen einem guten und einem hervorragenden CMO ausmacht. Es ermöglicht Ihnen zu verstehen, was für Ihre Marke am besten funktioniert, die Leistung zu messen und zu verbessern und eine stärkere, liebenswertere Verbindung zu Ihrem Publikum aufzubauen. Kennzahlen sind in der Tat wesentliche Navigationsinstrumente auf den unzähligen Wegen der digitalen Marketingtransformation und des Erfolgs.

IX. Fallstudien leistungsstarker CMOs

Fallstudie: John Does transformative Führung als CMO

John Doe, CMO der XYZ Corporation, ist ein hervorragendes Beispiel für leistungsstarke Chief Marketing Officers in allen Branchen. Seine innovativen Strategien, sein unerschütterlicher Einsatz und sein klares Verständnis von Kennzahlen haben die XYZ Corporation zu einem führenden Unternehmen mit umfassender Markenbekanntheit gemacht.

Einführung

John kam zu der XYZ Corporation, als das Unternehmen Schwierigkeiten hatte, sich in einem hart umkämpften Meer von Konkurrenten über Wasser zu halten. Mit veränderten Marketingtaktiken schuf er eine transformative Erfolgsgeschichte, die allen Marketingfachleuten als Vorbild dient. Er war sich seiner Verantwortung bewusst, nicht nur bestehende Marktbedürfnisse zu erfüllen, sondern auch zukünftige zu antizipieren und Lösungen zu schaffen.

Kennzahlen: Ein Nordstern

Metriken lieferten die Grundlage für Johns Marketingstrategie. Die Fähigkeit, die richtigen Kennzahlen und Daten zu identifizieren, stand im Mittelpunkt der Erfolgsgeschichte der XYZ Corporation. John konzentrierte sich stark auf Kennzahlen wie Kundenakquisekosten (CAC), Customer Lifetime Value (CLV), Konversionsraten und Online-Engagement-Kennzahlen. Er betonte nicht nur die quantitativen Kennzahlen, sondern verfeinerte auch qualitative wie Markenstimmung, Kundenzufriedenheit und Net Promoter Score (NPS).

Unter seiner Leitung wurden regelmäßige Audits durchgeführt, um sicherzustellen, dass die verwendeten Kennzahlen weiterhin relevant und effizient für die Erreichung der Geschäftsziele der XYZ Corporation waren. Auf diese Weise verwandelte John Kennzahlen in seinen

Nordstern und half ihm, die Marketingausrichtung des Unternehmens präzise und zielgerichtet zu steuern.

Den Weg maßschneidern

John erkannte, wie wichtig es ist, den Marketingansatz an die Größe, Ziele und Zielgruppe des Unternehmens anzupassen. Da ihm klar war, dass es keine einheitliche Strategie gibt, entwickelte er seinen Weg zum Erfolg. Die Strategie drehte sich um einen kundenorientierten Ansatz, Multi-Channel-Marketingkampagnen, solides Branding und kontinuierliche Innovation.

Darüber hinaus verstand John den Wert von Inhalten im digitalen Zeitalter. Durch ansprechende, wertvolle und personalisierte Inhalte gelang es ihm, eine starke Online-Präsenz für die XYZ Corporation aufzubauen. Sein Beharren darauf, technologische Tools wie KI und Big Data in ihre Strategie zu integrieren, verbesserte auch ihre Marketingbemühungen und lieferte Einblicke, die ihnen zuvor fehlten.

Umgesetzte Strategien

Johns strategisches Denken nahm Gestalt an, als er innovative Marketingstrategien einführte. Er orchestrierte einen Wandel vom produktzentrierten zum kundenzentrierten Marketing und betonte die Bedeutung der Verbesserung der Customer Journey. Geomarketing war eine weitere Strategie, die er ins Spiel brachte und die ein personalisiertes und standortbezogenes Marketing ermöglichte, das die Reichweite des Unternehmens erheblich steigerte.

John glaubte auch an die Kraft von Partnerschaften. Durch die Zusammenarbeit mit strategischen Partnern gelang es ihm, ein Netzwerk aufzubauen, neue Kundenstämme zu erreichen und den Ruf und das Markenimage des Unternehmens zu verbessern. Darüber hinaus gelang es ihm durch den Einsatz von Performance-Marketing – mit Schwerpunkt auf messbaren Marketing- und Werbeergebnissen –, jeden ausgegebenen Dollar zu optimieren und nur auf Strategien zu setzen, die nachweisliche Ergebnisse lieferten.

Ergebnisse

Unter Johns Führung erlebte die XYZ Corporation einen dramatischen Wandel. Das Unternehmen verzeichnete einen deutlichen Anstieg wichtiger Kennzahlen wie Kundenbindung, Customer Lifetime Value und organischer Traffic. Darüber hinaus hat sich ihr Markenimage erheblich verbessert, wodurch eine stärkere emotionale Bindung zu ihrer Kundschaft geschaffen wurde, was zu einem höheren Netto-Promoter-Score führte. Auch der Jahresumsatz verzeichnete ein zweistelliges Wachstum, was den finanziellen Erfolg seiner Marketingstrategien unterstreicht.

Zusammenfassend lässt sich sagen, dass John Doe ein leistungsstarker CMO innerhalb der XYZ Corporation ist und die wirkungsvolle Rolle von Führung und strategischem Denken im Marketing demonstriert. Sein einzigartiger Ansatz, sein Verständnis von Kennzahlen und seine innovativen Strategien haben gezeigt, dass Marketingführung von entscheidender Bedeutung ist, um bemerkenswertes Unternehmenswachstum und -erfolg voranzutreiben.

Fallstudie 1: Der Stratege – Aufbau erfolgreicher Marketingkampagnen

Unsere erste Fallstudie betrifft einen äußerst erfolgreichen CMO namens Feargal Quinn. Herr Quinn, der als Chief Marketing Officer für ein bekanntes Technologieunternehmen tätig war, bewies in seiner strategieorientierten Rolle außergewöhnliche Führungsqualitäten.

Hintergrund und Herausforderungen

Herr Quinn kam unter schwierigen Umständen in die Position des Chief Marketing Officer. Das Unternehmen hatte kürzlich eine Fusion durchgeführt und hatte Schwierigkeiten, verschiedene Zweige seiner Geschäftstätigkeit zu integrieren. Darüber hinaus war das digitale Branding des Unternehmens im Vergleich zur schnelllebigen E-Business-Welt drastisch unterentwickelt.

Strategien und Umsetzung

Die Strategie von Feargal war vielfältig und konzentrierte sich auf die Lösung unmittelbarer Probleme und legte gleichzeitig den Grundstein für langfristiges Wachstum. Folgendes hat er getan:

- **Produktvereinheitlichung** : Quinn verstand, dass der erste Schritt zur Erholung von einem Einbruch nach der Fusion darin bestand, die Produktsuite zu vereinheitlichen. Er moderierte abteilungsübergreifende Treffen, um das gegenseitige Verständnis und die Zusammenarbeit zu fördern und

den Ton für eine einheitliche Marketingausrichtung
festzulegen.

- **Die Kundschaft verstehen** : Quinn bestand darauf,
  umfangreiche Marktforschungen durchzuführen, um
  die Bedürfnisse und Vorlieben seines Kundenstamms
  zu verstehen. Er glaubte, dass diese Informationen
  für die Erstellung personalisierter und leistungsstarker
  Marketingkampagnen von unschätzbarem Wert seien.
- **Digitale Transformation** : Quinn war sich der
  unterentwickelten digitalen Marke des Unternehmens
  bewusst und priorisierte die Ressourcen neu, um die
  digitale Präsenz des Unternehmens zu erweitern.
  Dazu gehörten Investitionen in Webdesign, Content-
  Marketing und der Ausbau der Social-Media-
  Aktivitäten.
- **Datengesteuerter Ansatz** : Ein zentrales Element
  der Marketingstrategie von Feargal war die Nutzung
  der Macht der Daten. Sein Team nutzte Analysen, um
  das Kundenverhalten zu verfolgen, Branchentrends
  zu verstehen und die Erfolgsquote verschiedener
  Marketingstrategien zu testen.
- **Team-Stärkung** : Quinn glaubte daran, sein Team zu
  stärken. Er entwickelte eine Kultur der offenen
  Kommunikation, des konsequenten Feedbacks und
  des kontinuierlichen Lernens.

Ergebnisse und wichtige Erkenntnisse

Durch die Marketingstrategien von Quinn wurde das
Unternehmen zu einer der bekanntesten Marken in seiner
Nische in der Technologiebranche. Die Kundenbindung
nahm erheblich zu und das Unternehmen verzeichnete
einen erheblichen Umsatzanstieg. Innerhalb von zwei
Jahren steigerten die von seinem Team initiierten gezielten
Kampagnen die Conversion-Rate um etwa 35 %.

Zu den wichtigsten Erkenntnissen aus dem Erfolg von Feargal gehören:

- **Integration und Kommunikation** : Eine einheitliche Front ist für eine erfolgreiche Markenbildung unerlässlich. In diesem Fall war die Produktvereinheitlichung ein wichtiger Schritt, der dem Unternehmen dabei half, seinen Kunden eine konsistente und klare Markenbotschaft zu vermitteln.
- **Kundenzentrierter Ansatz** : Nachhaltiges Wachstum kann nur durch die Fokussierung auf die Bedürfnisse und Vorlieben der Kunden erreicht werden. Marktforschung ermöglicht ein tieferes Verständnis von Trends und ihren Auswirkungen.
- **Digitale Macht** : Unternehmen sollten das Potenzial der digitalen Revolution für ihr Unternehmen nicht unterschätzen. Social-Media-Plattformen und Content-Marketing sind leistungsstarke Tools, die die Sichtbarkeit und den Marktanteil eines Unternehmens deutlich steigern können.
- **Datennutzung** : Der Einsatz von Analysen und anderen datengesteuerten Tools hilft Unternehmen bei der fundierten Entscheidungsfindung und steigert die Effizienz und Effektivität ihrer Marketingstrategien.
- **Führungsstil** : Die Stärkung des Marketingteams erhöht dessen Investition in seine Arbeitsplätze und steigert dadurch Kreativität, Produktivität und Arbeitszufriedenheit.

In Anlehnung an die Gefühle aller erfolgreichen Führungskräfte verdankte Quinn seinen Erfolg seinem Team und betonte den Wert der Teamarbeit. Seine Geschichte fasst einige der wichtigsten Kennzahlen, Wege und Strategien klar zusammen und macht ihn zu einem beispielhaften leistungsstarken CMO.

Fallstudie 1: Die Transformationsreise von Sarah, einer leistungsstarken CMO

Wir beginnen diesen Abschnitt mit der Erörterung von Sarah, einer visionären CMO, die die Erfolgsdynamik in ihrem Unternehmen neu definiert und es von einem Marktteilnehmer zu einem Marktführer gemacht hat.

1.1 Frühe Karriere und Weg zur CMO-Position

Sarah begann ihre Karriere im Marketingbereich als engagierte Praktikantin bei einem Startup. Im Laufe der Jahre stieg sie mit einem unerschütterlichen Fokus auf Ergebnisse und einem unermüdlichen Engagement für das Lernen die Karriereleiter hinauf. Ihre Vielseitigkeit und ergebnisorientierte Denkweise ermöglichten ihr innerhalb der mageren Zeitspanne von sieben Jahren den schnellen Übergang von einer Marketing-Führungskraft zur Marketing-Direktorin. Sie wagte sich durch verschiedene Geschäftsfunktionen, sammelte wertvolle Erfahrungen und verfeinerte ihre strategischen Denkfähigkeiten. Diese Erfahrungen machten sie zur perfekten Kandidatin für die CMO-Position, die ihr bei einem renommierten Technologieunternehmen angeboten wurde.

1.2 Eingehendes Eintauchen in Metriken

Sarahs angeborenes Verständnis für die Bedeutung von Kennzahlen machte sie einzigartig. Sie war vor Ort für ihren methodischen Ansatz bekannt, wertvolle Erkenntnisse aus Verbraucherdaten zu gewinnen. Ihre Leidenschaft für

Kennzahlen sorgte für die Datenzentrierung des Unternehmens und half bei der Entwicklung von Marketingstrategien, die nicht nur auf Bauchgefühl, sondern auf harten Daten basierten. Key Performance Indicators (KPIs) wie Customer Lifecycle Value (CLV), Return on Marketing Investment (ROMI) und Net Promoter Score (NPS) waren ihre Schwerpunkte, die die Ausrichtung von Marketinginitiativen auf die allgemeinen Geschäftsziele unterstützten.

1.3 Revolutionäre Strategien

Sarahs Aufstieg in die leistungsstarke CMO-Liga war ein Beweis für Führungsqualitäten, Innovation und strategische Erkenntnisse. Sie stellte den Verbraucher in den Mittelpunkt ihrer Strategien und plädierte für einen kundenorientierten Ansatz, der die Kommunikation ihres Unternehmens revolutionierte.

Darüber hinaus trug ihr Schwerpunkt auf der Entwicklung einer kohärenten, integrierten Multi-Channel-Strategie dazu bei, die fragmentierten Marketingbemühungen des Unternehmens zu konsolidieren. Durch die Integration von Content-Marketing, Social Media, SEO und traditioneller Werbung in einem nahtlos synergetischen Vorgang maximierte sie den Marketing-ROI und die Markenkonsistenz.

1.4 Den Weg für die digitale Transformation ebnen

Sarah hat die Macht der digitalen Evolution im Marketing vorausgesehen, lange bevor sie zur Norm wurde. Sie setzte sich für die digitale Transformation der Marketingaktivitäten ihres Unternehmens ein und strebte den Aufbau einer robusten digitalen Plattform an. Mithilfe fortschrittlicher Analysetools gewann sie Erkenntnisse über Kundenpräferenzen, -verhalten und -erwartungen. Ihre Fähigkeit, die Essenz von „Big Data" zu erfassen und in umsetzbare Strategien umzusetzen, machte sie zu einer unverzichtbaren Bereicherung für ihr Unternehmen.

1.5 Organisationskultur und Mitarbeiterentwicklung

Sarah war sich bewusst, dass die wertvollste Ressource für jedes Unternehmen das Humankapital ist, und bemühte sich daher bewusst um die Förderung einer gesunden, integrativen und inspirierenden Arbeitskultur. Sie initiierte regelmäßige Schulungs- und Entwicklungsprogramme, schuf Wachstumsmöglichkeiten für ihr Team und förderte die zukünftigen Führungskräfte der Organisation.

Sarahs Geschichte untermauert die Säulen eines leistungsstarken CMO – gründliches Verständnis und Einsatz von Kennzahlen, innovative Strategien, Weitblick in digitale Trends und Personalmanagement. Ihre Studie verdeutlicht die zunehmend strategische Rolle von CMOs und verdeutlicht, wie ihre Führung traditionelle Grenzen überwinden kann, um das Wachstum und den Erfolg des Unternehmens konsequent voranzutreiben.

Fallstudie: Phil Schiller von Apple Inc

Phil Schiller ist vielleicht kein bekannter Name, aber seine Beiträge als Chief Marketing Officer (CMO) bei einem der erfolgreichsten Unternehmen der Welt – Apple Inc. – bieten

wichtige Lehren für jeden, der an die Spitze des
Marketingberufs aufsteigen möchte .

Hintergrund und Karriereweg

Bevor er 1997 zu Apple kam, hatte Schiller mehrere wichtige
Marketingfunktionen bei Technologieunternehmen wie
Macromedia Inc. und FirePower Systems Inc. inne. Durch
seine früheren Erfahrungen bei technologieorientierten
Unternehmen war er mit den Abläufen der
Technologiebranche vertraut, insbesondere mit
Produkteinführungen und Markenpositionierung.

Erfolge bei Apple

Bei Apple war es eine von Schillers bedeutenden
Leistungen, maßgeblich an der Einführung des „iPod"
beteiligt zu sein, einem innovativen Produkt, das die Art und
Weise, wie Menschen Musik hören, revolutionierte. Die von
Schiller geleitete Marketingstrategie positionierte das
Produkt nicht nur als MP3-Musikplayer, sondern als etwas,
das das Leben der Menschen verändern würde – eine
„digitale Musikrevolution für iPod und iTunes".

Schiller war auch Teil des Teams, das für die erfolgreiche
weltweite Einführung und Vermarktung von Apples iPhone
und App Store verantwortlich war, Produkten, die heute zum
Synonym für moderne mobile Kommunikation und Computer
geworden sind.

Schlüsselstrategien

Zu Schillers Marketingstrategien gehörte stets ein tiefes
Verständnis für den Kunden. Indem er sich auf die

Bedürfnisse und Vorlieben der Kunden konzentrierte, konnte Schiller Marketingkampagnen erstellen, die bei der Zielgruppe großen Anklang fanden.

Eine seiner Kernstrategien war schon immer Einfachheit. Apples Kampagnen unter Schiller, wie die berühmte „Think Different"-Kampagne, lebten von einfachen, aber wirkungsvollen Erzählungen. Er war geschickt darin, komplexe Technologiekonzepte in eine klare Sprache und überzeugende visuelle Darstellungen zu übersetzen, mit denen sich Verbraucher identifizieren konnten.

Maßstäbe für den Erfolg

Schiller glaubte an einen quantitativen Marketingansatz und nutzte datengesteuerte Kennzahlen, um den Kampagnenerfolg zu messen und zukünftige Entscheidungen zu treffen. Durch die Analyse und Interpretation von Daten aus Verkaufszahlen, Verbraucherverhalten und Markttrends gelang es Schiller, die Marketingstrategien von Apple kontinuierlich zu modifizieren und zu verfeinern und die führende Marktposition des Unternehmens zu behaupten.

gewonnene Erkenntnisse

Es gibt mehrere wichtige Erkenntnisse aus Phil Schillers Zeit als CMO von Apple. Eine der wichtigsten Lektionen ist, wie wichtig es ist, die Bedürfnisse und Motivationen des Kunden zu verstehen. Schiller hat auch bewiesen, dass Einfachheit ein wirkungsvolles Marketinginstrument sein kann – eine einfache, überzeugende Erzählung kann viel bewirken, wenn sie bei den Verbrauchern Anklang findet.

Schillers Arbeit betont auch die Bedeutung von Daten im Marketing – genaue, umsetzbare Daten können und sollten in jede Marketingentscheidung einfließen.

Zusammenfassung

Der Fall von Phil Schiller veranschaulicht perfekt, was es bedeutet, ein leistungsstarker CMO zu sein: ein tiefes Verständnis der Kundenbedürfnisse, die Fähigkeit, effektiv zu kommunizieren, sich auf genaue Daten zu verlassen, um Entscheidungen voranzutreiben, und eine untrügliche Vorstellung davon, was die Marke repräsentiert. Als erfolgreicher CMO geht es nicht nur darum, erfolgreiche Kampagnen voranzutreiben; Es geht darum, eine Marke aufzubauen und zu pflegen, der die Kunden vertrauen und die sie lieben.

IX.1 Fallstudie: Höchstleistung durch strategische Ausrichtung – Der CMO von X-Brand Globally

Die radikale Umgestaltung der Marketingstrategie von X-Brand ist mit Abstand eine der inspirierendsten Geschichten überhaupt. Als Jane Doe die Leitung des Chief Marketing Officer (CMO) von X-Brand übernahm, bestand ihre Herausforderung darin, mit einer schrumpfenden Marktreichweite und einem deutlich alternden Kundenstamm klarzukommen. Die X-Marke kämpfte in einem zunehmend schnelllebigen, digital geprägten Marktumfeld. Jane Does visionäre Führung und datengesteuerte Strategien verwandelten diese Herausforderungen in Chancen und positionierten X-Brand als führenden Akteur auf dem Weltmarkt.

Ausrichtung der Marketingstrategie an der Unternehmensvision

Doe begann ihre Tätigkeit bei X-Brand mit der Umgestaltung der Marketingstrategie, um die umfassendere Unternehmensvision widerzuspiegeln, und erkannte die Notwendigkeit eines kollaborativen Ansatzes zwischen allen Abteilungen innerhalb des Unternehmens. Sie organisierte funktionsübergreifende Meetings, bei denen jedes Team seine strategischen Marketingziele für das Jahr vorstellte, was zu ganzheitlichen organisatorischen Anpassungen führte, die auf die Bedürfnisse jeder Abteilung eingingen und gleichzeitig die Ausrichtung auf die Unternehmensvision beibehielten. Diese umfassende und praktische Anpassung der Organisationsstrategie war ein früher Hinweis auf Does Eignung als vereinende Führungskraft.

Investition in Analysen und Metriken für datengesteuerte Entscheidungen

Während die strategische Ausrichtung auf die Unternehmensvision die Säule der Strategie von Doe war, legte sie gleichermaßen Wert auf strenge Marketinganalysen. Sie wusste, dass sich der moderne CMO nicht einfach nur auf Kreativität verlassen kann. Doe führte prädiktive Analysen ein, um die Werbekampagnen von X-Brand zu leiten, und baute ein Team von Datenwissenschaftlern auf, um eine umfassende Kundenanalyseplattform aufzubauen.

Dieser datengesteuerte Ansatz identifizierte Marktsegmente, die zuvor von X-Brand nicht ausreichend angesprochen wurden. Es zeigte sich, dass ein Teil der jüngeren Verbraucher die Marke bevorzugte, ihre Kaufinteressen und

Kaufgewohnheiten sich jedoch von denen der vorherrschenden alternden Kundenbasis unterschieden. Folglich unternahm Doe einen strategischen Schritt, um die Millennial- und Gen-Z-Märkte anzusprechen – ein Schritt, der ohne die durch Kundendatenanalysen gewonnenen Erkenntnisse praktisch unsichtbar gewesen wäre.

Digital-First-Ansatz und der Schwerpunkt auf Engagement

Ein weiteres wesentliches Element der Strategie von Doe bestand darin, sich im Marketing auf den Digital-First-Ansatz zu konzentrieren. Sie erkannte, dass der potenzielle junge Kundenstamm stark digitalisiert und auf zahlreichen Social-Media-Plattformen aktiv war. Doe investierte erheblich in die Verbesserung der digitalen Präsenz von X-Brand, von der Neugestaltung der Website, um sie an das zeitgenössische Designparadigma anzupassen, bis hin zur Einführung mobiler Anwendungen.

Sie stärkte die Social-Media-Präsenz von X-Brand auf innovative Weise durch den Einsatz von Influencer-Marketing. Ihre Strategien priorisierten das Markenengagement gegenüber eklatanten Werbeinhalten und konzentrierten sich auf die Schaffung digitaler Erlebnisse, die bei den Zielkunden Anklang fanden.

Ergebnisse und zukunftsweisende Strategien

Does strategische Ausrichtung, datengestützte Entscheidungsfindung und sein Digital-First-Ansatz haben die Marketinglandschaft von X-Brand verändert. Ihre

einzigartigen Marketingstrategien führten zu einer
Steigerung der Marktreichweite um 35 % und einer
erheblichen Häufigkeit von Interaktionen mit jüngeren
Zielgruppen.

Darüber hinaus richtet Doe ihre zukünftigen Strategien
weiterhin auf neue Marketingtrends aus, insbesondere auf
die zunehmende Bedeutung immersiver Technologien wie
Augmented Reality (AR) und Virtual Reality (VR) für
benutzerzentrierte Marketingerlebnisse. Dieser
zukunftsorientierte Ansatz hält sie an der Spitze des
modernen Marketings und zeichnet sie als agile und
proaktive CMO aus.

Der Fall von Jane Doe als CMO von X-Brand zeigt, welch
entscheidende Rolle ein leistungsstarker CMO bei der
Neudefinition der strategischen Positionierung einer Marke
spielt. Ihr Erfolg beruhte größtenteils auf ihrer Fähigkeit,
Marketingziele mit der umfassenderen Unternehmensvision
in Einklang zu bringen, datengesteuerte Entscheidungen zu
treffen und einen Digital-First-Ansatz umzusetzen. Does
Reise zeigt, dass ein leistungsstarker CMO sowohl ein
visionärer Stratege als auch ein pragmatischer Taktiker sein
muss, der in der Lage ist, die Marke durch einen sich schnell
entwickelnden globalen Markt zu steuern.

X. Fazit: Zukünftige Trends und Herausforderungen für CMOs

Die Landschaft der kommenden digitalen CMO-Dynamik

Mit dem Eintritt in ein neues Zeitalter der digitalen Technologie und des Verbraucherverhaltens entwickelt sich die Rolle des Chief Marketing Officer (CMO) ständig weiter. Die Zukunft eröffnet neue Horizonte, erweiterte Verantwortlichkeiten und Herausforderungen, auf die sich jeder zukunftsorientierte CMO vorbereiten muss.

Beschleunigte Digitalisierung

Die Transformation ins Digitale ist kein Trend mehr; Es ist die Realität, die die Grundlage bildet, auf der CMOs operieren müssen. Um in Zukunft ein leistungsstarker CMO zu sein, wird es weitgehend von der Akzeptanz digitaler Technologie abhängen. Dies deckt ein breites Spektrum ab, das von künstlicher Intelligenz (KI) und Big Data bis hin zu Automatisierung und programmatischer Werbung usw. reicht. In einer Welt, in der der Großteil der Kundeninteraktionen digital stattfinden wird, ist die Digital-First-Ausrichtung für CMOs von entscheidender Bedeutung.

Datengesteuerte Entscheidungsfindung

Angesichts der eskalierenden Datenflut werden leistungsstarke CMOs stark auf ihre Fähigkeit angewiesen sein, aus Informationsbergen aussagekräftige Erkenntnisse zu gewinnen. Das bedeutet, dass Sie Analysen mithilfe hochentwickelter Präzisionstools und -techniken beherrschen, die Rohdaten in wertvolle Geschäftsinformationen umwandeln. Wichtiger als nur das Verstehen der Informationen ist es, sie zu interpretieren und für den strategischen Einsatz anzuwenden.

Personalisierung und Kundenerlebnis

Der Verbraucher von heute verlangt personalisierte, nahtlose Erlebnisse, und diese Ansprüche werden nur noch zunehmen. Folglich müssen CMOs ihre Customer-Experience-Strategien auf die nächste Stufe heben. Hohe Leistung wird mit der Fähigkeit eines CMOs einhergehen, hyperpersonalisierte Kampagnen zu erstellen, die direkt auf die Bedürfnisse, Vorlieben und Verhaltensweisen der einzelnen Verbraucher eingehen.

Komplexität und Wandel meistern

Im Zeitalter wachsender Marktkomplexität und unaufhörlicher Veränderungen ist eine vielseitige und anpassungsfähige Denkweise von entscheidender Bedeutung. Leistungsstarke CMOs müssen effizient durch zahlreiche Trends, Veränderungen und Störungen navigieren. Dies setzt eine kontinuierliche Lernmentalität und die Fähigkeit voraus, Strategien neu zu erfinden und sich an Veränderungen anzupassen – sei es globale, marktbezogene, branchenspezifische oder organisationsspezifische Veränderungen.

Gestärkte Rolle über das Marketing hinaus

Der Umfang der CMO-Rolle erweitert sich und überschreitet traditionelle Grenzen. Heutzutage müssen CMOs über Kompetenzen in den Bereichen Geschäftswachstum, Innovation, Kundenservice und sogar Aspekten des Betriebs verfügen. Der leistungsstarke CMO der Zukunft wird ein vielseitiger Unternehmensführer sein, der in der Lage ist, zum Gesamterfolg des Unternehmens beizutragen.

Betonung der Nachhaltigkeit

Der moderne Kunde ist sich der Nachhaltigkeitspraktiken von Marken zunehmend bewusst. Daher müssen CMOs Marketingstrategien entwickeln, die ihr Engagement für Nachhaltigkeit hervorheben. Leistungsstarke CMOs werden wirkungsvolle Nachhaltigkeitsinitiativen initiieren und umsetzen, Nachhaltigkeit effektiv in ihre Markennarrative integrieren und sie sowohl intern als auch extern kommunizieren.

Für CMOs liegen aufregende, wenn auch herausfordernde Zeiten vor uns. Um ein leistungsstarker CMO zu werden, ist es wichtig, die sich verändernde Landschaft zu verstehen, kontinuierlich zu lernen und sich schrittweise anzupassen. Um sich auf diese dynamische Reise einzulassen, müssen CMOs verschiedene Wege und Strategien erkunden. Bedenken Sie jedoch gleichzeitig, dass der Schlüssel zu hoher Leistung in der Beherrschung der Grundlagen liegt: Kundenbedürfnisse, klare Kommunikation und die Aufrechterhaltung der organisatorischen Ausrichtung auf Marke und Strategie.

Tatsächlich verändert sich der Kontext der Rolle des Chief Marketing Officer schnell. Mit den richtigen Kennzahlen, der Fähigkeit, innovative Wege voranzutreiben und dem Willen, neue Strategien zu übernehmen, können CMOs jedoch die heutigen Herausforderungen effizient meistern und gleichzeitig auf die Aussicht auf eine neue Ära im Marketing blicken.

Perspektiven auf die Zukunft des Hochleistungs-CMO

Während wir die komplizierten Wege beschritten haben, um ein leistungsstarker CMO zu werden, ist es wichtig, unseren Blick auf noch unerforschte Horizonte zu richten – die zukünftigen Trends und Herausforderungen, die die Rolle des CMOs prägen könnten. Wie wird sich ihre Position entwickeln? Welche neuen Kennzahlen können entstehen und welche Strategien werden die Effektivität in einer sich ständig verändernden Geschäftslandschaft steigern?

Die Entstehung datengesteuerter Strategien

Daten haben im letzten Jahrzehnt sicherlich viele Branchen verändert, und ihr Einfluss auf die Marketingstrategie bildet da keine Ausnahme. Der leistungsstarke CMO von morgen muss datengesteuerter sein als je zuvor.
Von ihnen wird nicht nur erwartet, dass sie verstehen, wie die entsprechenden Datensätze erfasst und bereinigt werden, sondern auch, wie sie diese auf sinnvolle Weise analysieren. Es geht um mehr als nur das Verstehen der Zahlen; Es geht darum, daraus die richtigen Erkenntnisse abzuleiten, um Entscheidungen zu treffen.

Die wachsende Bedeutung des Kundenerlebnisses

Das Kundenerlebnis (Customer Experience, CX) wird im Mittelpunkt der Geschäftsstrategieentwicklung stehen, und CMOs werden an der Spitze stehen. Die CMOs von morgen müssen sich für ein integriertes und konsistentes Kundenerlebnis über alle Touchpoints hinweg einsetzen. Ein effektives Management des Kundenerlebnisses erfordert eine ganzheitliche Sicht auf die Customer Journey und echtes Einfühlungsvermögen für die Kundenperspektiven.

Agile Methoden und Growth Hacking

Da sich die digitale Transformation beschleunigt, wird von Marketingteams erwartet, dass sie schneller und anpassungsfähiger agieren. Agile Methoden werden in der

Marketingstrategie immer wichtiger. Daher müssen leistungsstarke CMOs ihre Teams zu flexibleren, iterativen Ansätzen ermutigen, die sofortiges Feedback und schnelle Kurskorrekturen ermöglichen. Dementsprechend werden Growth-Hacking-Methoden, bei denen es auf schnelles Experimentieren über Marketingkanäle und Produktentwicklung ankommt, auch eine wichtige Strategie für leistungsstarke CMOs sein.

Die Konvergenz von Marketing und Technologie

Die Verflechtung von Marketing und Technologie ist ungebrochen. Angesichts der zunehmenden Entwicklung von Technologien wie KI, maschinellem Lernen, Blockchain und VR/AR muss der leistungsstarke CMO von morgen mit der Nutzung dieser Technologien vertraut sein. Diese Plattformen bieten neue Möglichkeiten, mit Kunden in Kontakt zu treten, Kundendaten zu ergänzen und eine beispiellose Personalisierung im Messaging zu ermöglichen.

Die Herausforderung der maßstabsgetreuen Personalisierung

Während Personalisierung schon immer das Herzstück effektiven Marketings war, ergeben sich bei der Skalierung dieser Bemühungen neue Herausforderungen. Mit der steigenden Anzahl an Kundenkontaktpunkten und der Menge an Kundendaten steigt auch die Komplexität der Bereitstellung personalisierter Erlebnisse.

Ethische Überlegungen im Marketing

Neue Datenschutzgesetze gepaart mit einer steigenden Nachfrage der Verbraucher nach Transparenz werden CMOs dazu zwingen, die ethischen Auswirkungen ihrer

Marketingbemühungen zu berücksichtigen. Bei Verstößen gegen Datenschutzgesetze können hohe Geldstrafen verhängt werden, und der Reputationsschaden kann sogar noch schwerwiegender sein. Der leistungsstarke CMO der Zukunft muss aggressive Marketingstrategien mit klaren ethischen Richtlinien in Einklang bringen.

Die unerschütterliche Essenz erfolgreichen Marketings liegt weiterhin darin, die eigenen Kunden zu verstehen und konsequent Werte zu liefern. Dieser Kern bleibt unverändert. Begleitende Trends und Herausforderungen bedeuten jedoch, dass die Wege, Kennzahlen und Strategien, mit denen CMOs dieses Ziel verfolgen, einer ständigen Weiterentwicklung unterliegen. Um in diesem Bereich zu leistungsstarken Führungskräften zu werden, müssen sie wachsam, anpassungsfähig und informiert bleiben und eine kundenorientierte Denkweise in ihre Arbeitsweise integrieren.

Auswirkungen technologischer Fortschritte und sich entwickelndes Verbraucherverhalten

In der sich ständig verändernden Geschäftslandschaft stehen CMOs einer Vielzahl gewaltiger Trends und Herausforderungen gegenüber. Viele davon werden durch technologische Fortschritte, zunehmenden Wettbewerb auf dem Markt und sich schnell veränderndes Verbraucherverhalten verstärkt und stellen die Bereitschaft des Einzelnen und der Organisation, sich diesen Trends direkt zu stellen, vor Fragen.

Ein wichtiger Trend ist die zunehmende Abhängigkeit von maschinellem Lernen und künstlicher Intelligenz. KI hat die

Einführung zahlreicher neuer Tools für maßgeschneiderte Verbrauchersegmentierung und prädiktive Analysen erleichtert. Ein von Gartner veröffentlichter Bericht ergab, dass 87 % der leitenden Unternehmensleiter KI als Priorität betrachten. Die Fortschritte bei KI und maschinellem Lernen bieten unzählige Möglichkeiten zur Verbesserung von Marketingfunktionen, wie z. B. personalisiertes Marketing, programmatische Werbung, Deep-Learning-Algorithmen zur Kundensegmentierung, vorausschauende Verkaufsplanung und verbesserter Kundenservice durch Chatbots. Ungeachtet dieser Möglichkeiten stellen Technologiemanagement, Budgetbeschränkungen und Datenschutzaspekte erhebliche Herausforderungen für CMOs dar.

Ein weiterer vorherrschender Trend ist der zunehmende Einfluss von Social-Media-Plattformen auf den Kaufentscheidungsprozess. Dieser Einfluss hat sich in Form von Influencer-Marketing, UGC (User Generated Content), IGTV (Instagram TV), Live-Streaming-E-Commerce und Shoppable Posts manifestiert, die den digitalen Raum dramatisch verändert und neue Marketingwege definiert haben. Der Aufstieg des Social Commerce, insbesondere auf Plattformen wie Instagram, TikTok und Facebook, wird CMOs dazu zwingen, ihre Marketingstrategien zu überdenken und neu zu strukturieren.

Darüber hinaus wird der Schwerpunkt immer stärker auf datengesteuerte Entscheidungsfindung und Leistungskennzahlen gelegt. Von CMOs wird erwartet, dass sie mehr Verantwortung übernehmen, den ROI ihrer Aktivitäten nachweisen und die Marketingleistung direkt mit den Geschäftsergebnissen verknüpfen. Mit der zunehmenden Fokussierung auf Kennzahlen wird erwartet, dass sich auch Marketingautomatisierungs- und CRM-Systeme weiterentwickeln. Durch die Integration von Technologien wie digitalen Dashboards und Echtzeit-

Tracking in diese Systeme könnten CMOs die erforderlichen Dateneinblicke erhalten, um diese neuen Erwartungen an die Verantwortlichkeit zu bewältigen.

Darüber hinaus erfordert die stärkere Betonung des Kundenlebenszyklus einen integrierten Ansatz. Kundenorientierung ist kein „nice-to-have" mehr, sondern eine Grundvoraussetzung. Dies erfordert die Zusammenführung aller wichtigen kundenspezifischen Datenpunkte aus verschiedenen Quellen in einer einzigen Ansicht, um eine einheitliche Kundenperspektive, auch „360-Grad-Kundensicht" genannt, zu erhalten. Mit diesem ganzheitlichen Ansatz können CMOs das Kundenerlebnis an jedem Berührungspunkt optimieren – was möglicherweise zu einer höheren Kundentreue und einem höheren CLTV (Customer Lifetime Value) führt.

Schließlich gibt es eine offensichtliche Verschiebung von Quantität zu Qualität. Die Nachfrage nach hochgradig personalisierten, ansprechenden und wertschöpfenden Inhalten wächst rasant. CMOs müssen sich stark auf die Erstellung von Inhalten konzentrieren, die bei der Zielgruppe ankommen, anstatt Verbraucher mit irrelevanter Werbung zu bombardieren, um Beziehungen effektiv zu stärken und die Markentreue zu fördern.

Zusammenfassend lässt sich sagen, dass CMOs mit einer Vielzahl künftiger Trends und Herausforderungen konfrontiert sind. Ausgestattet mit einem Verständnis dieser Trends und den entsprechenden Strategien zu ihrer Bewältigung können leistungsstarke CMOs weiterhin einen wesentlichen Beitrag zum Wachstum ihres Unternehmens leisten und in der schnelllebigen und sich ständig verändernden Geschäftslandschaft wettbewerbsfähig bleiben.

CMO der nächsten Generation: Die Entwicklung der Marketingführung vorantreiben

In den kommenden Jahren werden mehrere wichtige Trends und Herausforderungen die Landschaft für CMOs prägen. Diese Kräfte werden die Rolle, Verantwortlichkeiten und Erwartungen, die an diese Marketing-Führungskräfte gestellt werden, neu definieren und ihnen auch neue Möglichkeiten bieten, innerhalb ihrer Organisationen einen außergewöhnlichen Mehrwert zu schaffen.

Erstens ist die sich ständig weiterentwickelnde Technologie ein wichtiger Trend, den sich jeder zukunftsorientierte CMO zu eigen machen muss. Während die Revolution der digitalen Transformation weiter voranschreitet, müssen CMOs an der Spitze der Integration und Nutzung von KI, maschinellem Lernen, Automatisierung und Datenanalyse stehen. CMOs müssen diese Technologien vorantreiben, um personalisierte, kundenorientierte Marketingstrategien bereitzustellen, die sich von der Masse abheben und die Aufmerksamkeit der Kunden auf den zunehmend überfüllten digitalen Marktplätzen fesseln. Ein solides Verständnis von Technologie und digitalen Plattformen wird sich in diesem Zusammenhang als entscheidend erweisen.

Zweitens mussten Vermarkter ihre Kunden schon immer gut verstehen. Im heutigen hypervernetzten Zeitalter geht das Verständnis über einfache demografische Daten hinaus. Moderne CMOs müssen das Kundenverhalten über alle Touchpoints hinweg entschlüsseln und Customer Journeys entwickeln, die auf ihre sich ständig ändernden Vorlieben und Loyalitäten abgestimmt sind. Sie müssen sich mit einer stärkeren Betonung der Privatsphäre der Kunden auseinandersetzen, was neue Wege zur ethischen Erfassung und Nutzung von Kundendaten erfordert.

Auch die Metriken werden sich weiterentwickeln. Während CMOs traditionell auf der Grundlage wichtiger Wachstumskennzahlen (z. B. Umsatz und Marktanteil) bewertet wurden, konzentrieren sich Unternehmen zunehmend auf langfristige Kennzahlen zu Gesundheit und Rentabilität. Kennzahlen wie der Customer Lifetime Value und der Markenwert könnten bei der Bewertung der Leistung eines CMOs eine wichtigere Rolle spielen. Diese New-Age-Kennzahlen erfordern eine längerfristige Ausrichtung und eine umfassendere organisatorische Ausrichtung.

CMOs müssen sich auch an eine Zeit des ständigen Wandels anpassen, in der disruptive Geschäftsmodelle und Technologien etablierte Marketingstrategien schnell auf den Kopf stellen können. Sie müssen in einem Umfeld der Unsicherheit zurechtkommen, kontinuierlich neue Ansätze erproben, schnell aus ihren Erfolgen und Misserfolgen lernen und ihre Strategien schnell anpassen.

Mit der veränderten Rolle des CMO gehen auch umfangreichere funktionsübergreifende Verantwortlichkeiten einher. Kollegen aus dem gesamten Unternehmen – vom Kundenservice bis zur IT, vom Vertrieb bis zur Personalabteilung – werden vom CMO die strategische Führung erwarten. Daher müssen die leistungsstarken CMOs der Zukunft in der Lage sein, die Abstimmung voranzutreiben und die funktionsübergreifende Zusammenarbeit zu fördern.

Um diese Herausforderungen zu meistern und von diesen Trends zu profitieren, müssen zukünftige leistungsstarke CMOs eine Denkweise des kontinuierlichen Lernens entwickeln. Sie müssen ihre Fähigkeiten regelmäßig aktualisieren, neue Branchentrends und Kundenverhalten verstehen und bereit sein, traditionelle Geschäftsabläufe in Frage zu stellen.

Zusammenfassend lässt sich sagen, dass zunehmende Komplexität und eskalierende Anforderungen zweifellos die Herausforderungen für zukünftige CMOs erhöhen werden. Aber diese eröffnen auch beispiellose Möglichkeiten, das Marketing neu zu denken, sein Wertversprechen neu zu definieren und bahnbrechende Leistungen zu erzielen. Indem er strategische Entscheidungen darüber trifft, wo er mitspielt und wie er gewinnt, und indem er die organisatorischen Fähigkeiten aufbaut, die für die Marketinglandschaft von heute und morgen erforderlich sind, kann der CMO der nächsten Generation die Entwicklung der Marketingführung selbstbewusst vorantreiben.

Unterabschnitt: Die Zukunft gestalten: Strategien und Wege für leistungsstarke CMOs

Die Rolle eines Chief Marketing Officer (CMO) entwickelt sich parallel zu den sich verändernden Landschaften verschiedener Branchen, die durch technologische Fortschritte und verändertes Verbraucherverhalten hervorgerufen werden, weiter. Wie wir in diesem Buch immer wieder betont haben, erfordert ein leistungsstarker CMO die Fähigkeit, sich diesen ständigen Veränderungen anzupassen, Innovationen einzuführen und eine Führungsrolle zu übernehmen. Diese Diskussion endet mit einem Ausblick auf zukünftige Trends und der Definition der kommenden Herausforderungen sowie der Frage, wie CMOs diese meistern sollten, um im Wettbewerb einen Schritt voraus zu sein.

1. Zunehmende technologische Anpassungen

Der Weg zu einem leistungsstarken CMO ist unvollständig, ohne die Leistungsfähigkeit der Technologie zu nutzen. Von der Erwartung einer verbesserten Individualisierung durch KI über die zunehmende Bedeutung von Datenanalysen bis hin zu einer Verlagerung hin zu AR und VR bei digitalen Kundenerlebnissen zeichnen sich zahlreiche Technologietrends ab.

Wenn wir jedoch die Leistungsfähigkeit dieser Technologien nutzen, müssen wir uns den Herausforderungen der Integration dieser Technologien in bestehende Infrastrukturen und Bedenken hinsichtlich der Datensicherheit stellen und sicherstellen, dass Marketingteams über die Fähigkeiten zur Verwaltung dieser Tools verfügen. Ein CMO muss weiterhin Lern- und Entwicklungsmöglichkeiten verfolgen, mit neuen Marketingtechnologien experimentieren und Flexibilität und Widerstandsfähigkeit gegenüber Veränderungen unter Beweis stellen.

2. Kundenerlebnis und Personalisierung

Einfach ausgedrückt: Die Zukunft des Marketings ist persönlich. Verbraucher wünschen sich zunehmend hyperpersonalisierte Erlebnisse und erwarten diese sogar. Ein leistungsstarker CMO muss dies verstehen und danach streben, sinnvolle und individuelle Customer Journeys zu schaffen. Der Einsatz von Kundenerfahrungskennzahlen zur Messung von Zufriedenheit und Loyalität wird ein entscheidender Faktor sein, um die Bedürfnisse der Kunden zu verstehen und diese mit maßgeschneiderten Strategien zu erfüllen.

Es gibt jedoch einen schmalen Grat zwischen Personalisierung und Eindringen. Die Herausforderung besteht darin, zwischen Datenschutzbestimmungen und dem Sammeln von Daten zu jonglieren, um wirklich personalisierte Inhalte zu generieren, ohne gegen die Vertrauensnormen zu verstoßen.

3. Bedeutung der Unternehmenskultur

Die Schaffung einer integrativen und unterstützenden Unternehmenskultur liegt nicht mehr allein in der Verantwortung der Personalabteilung. CMOs spielen immer mehr eine wesentliche Rolle bei der Gestaltung der Unternehmenskultur. Ein leistungsstarker CMO muss die Verbindung zwischen Kultur und Kunde kanalisieren und eine Marke fördern, die bei seinem Publikum und seinen Mitarbeitern gleichermaßen Anklang findet.

Doch gelegentlich kann es zu den potenziellen Herausforderungen gehören, den Widerstand gegen Veränderungen zu überwinden, die Organisationspolitik zu steuern und alle Teammitglieder auf den Wandel der Kultur auszurichten.

4. Nachhaltiges und ethisches Marketing

Da Verbraucher sich der Umweltauswirkungen und ethischen Praktiken von Unternehmen immer bewusster werden, wird zweckorientiertes Branding zu einem Zukunftstrend werden. Ethisches Handeln und die Demonstration sozialer Verantwortung des Unternehmens werden von entscheidender Bedeutung sein.

Während Probleme wie Transparenz, Komplexität der Lieferkette und Greenwashing-Vorwürfe potenzielle Herausforderungen darstellen können, können sie durch die Abwägung von Gewinnstreben, Zweckmäßigkeit, fairen Praktiken und öffentlichem Engagement angegangen werden.

5. Agilität und Flexibilität fördern

Die Zukunft ist unvorhersehbar, und die jüngste globale Pandemie hat dies nur noch deutlicher gemacht als je zuvor. Anpassungsfähigkeit, Agilität und Belastbarkeit werden Schlüsselmerkmale eines zukunftsfähigen, leistungsstarken CMO sein.

Plötzlich können unvorhergesehene Herausforderungen auftreten. Deshalb müssen CMOs einen proaktiven, flexiblen Ansatz pflegen, der es ihnen ermöglicht, bei Bedarf umzuschwenken und dabei stets das Gesamtbild im Blick zu behalten.

Ein kompetenter CMO zu sein ist nicht einfach, aber wenn man diese Zukunftstrends annimmt und die entsprechenden Herausforderungen mit Beharrlichkeit und einer zukunftsorientierten Strategie meistert, kann dies den Weg zu Höchstleistungen sichern. Die Zukunft des Marketings mag komplex sein, aber die Chancen, die es bietet, sind zahlreich und das Wachstumspotenzial unermesslich.

Haftungsausschluss für Urheberrechte und Inhalte:

Haftungsausschluss für KI-gestützte Inhalte:
Der Inhalt dieses Buches wurde mit Hilfe von Sprachmodellen der künstlichen Intelligenz (KI) wie CHatGPT und Llama generiert. Obwohl Anstrengungen unternommen wurden, um die Richtigkeit und Relevanz der bereitgestellten Informationen sicherzustellen, geben Autor und Herausgeber keine Gewährleistungen oder Garantien hinsichtlich der Vollständigkeit, Zuverlässigkeit oder Eignung des Inhalts für einen bestimmten Zweck. Die von der KI generierten Inhalte können Fehler, Ungenauigkeiten oder veraltete Informationen enthalten, und Leser sollten Vorsicht walten lassen und alle Informationen unabhängig überprüfen, bevor sie sich darauf verlassen. Der Autor und Herausgeber übernimmt keine Verantwortung für etwaige Folgen, die sich aus der Nutzung oder dem Vertrauen auf die KI-generierten Inhalte in diesem Buch ergeben.

Allgemeiner Haftungsausschluss:
Für die Erstellung dieses Buches verwenden wir Tools zur Inhaltsgenerierung und beziehen einen großen Teil des Materials aus Tools zur Textgenerierung. Wir stellen Finanzmaterial und Daten über unsere Dienste zur Verfügung. Um dies zu erreichen, greifen wir auf eine Vielzahl von Quellen zurück, um diese Informationen zu sammeln. Wir glauben, dass es sich dabei um zuverlässige, glaubwürdige und genaue Quellen handelt. Es kann jedoch vorkommen, dass die Informationen falsch sind.
WIR MACHEN KEINEN ANSPRUCH ODER ZUSICHERUNGEN HINSICHTLICH DER RICHTIGKEIT, VOLLSTÄNDIGKEIT ODER WAHRHEIT DER IN UNSEREM Buch ENTHALTENEN MATERIALIEN. Wir haften auch nicht für etwaige Fehler,

Ungenauigkeiten oder Auslassungen und schließen ausdrücklich jegliche stillschweigende Gewährleistung der Marktgängigkeit oder der Eignung für einen bestimmten Zweck aus. Wir haften in keinem Fall für entgangenen Gewinn oder andere kommerzielle Schäden oder Sachschäden, einschließlich, aber nicht beschränkt auf AUF BESONDERE, ZUFÄLLIGE, FOLGESCHÄDEN ODER ANDERE SCHÄDEN; ODER FÜR VERZÖGERUNGEN BEIM INHALT ODER DER ÜBERTRAGUNG DER DATEN IN UNSEREM BUCH ODER DASS DAS BUCH IMMER VERFÜGBAR IST.

Darüber hinaus ist es wichtig zu beachten, dass Sprachmodelle wie ChatGPT auf Deep-Learning-Techniken basieren und auf riesigen Textdatenmengen trainiert wurden, um menschenähnlichen Text zu generieren. Diese Textdaten umfassen eine Vielzahl von Quellen wie Bücher, Artikel, Websites und vieles mehr. Dieser Trainingsprozess ermöglicht es dem Modell, Muster und Beziehungen innerhalb des Textes zu lernen und kohärente und kontextbezogene Ausgaben zu generieren.

Sprachmodelle wie ChatGPT können in einer Vielzahl von Anwendungen verwendet werden, einschließlich, aber nicht beschränkt auf, Kundenservice, Inhaltserstellung und Sprachübersetzung. Im Kundenservice beispielsweise können Sprachmodelle eingesetzt werden, um Kundenanfragen schnell und präzise zu beantworten, wodurch menschliche Agenten für die Bearbeitung komplexerer Aufgaben entlastet werden. Bei der Inhaltserstellung können Sprachmodelle zum Generieren von Artikeln, Zusammenfassungen und Bildunterschriften verwendet werden, was den Erstellern von Inhalten Zeit und Aufwand spart. Bei der Sprachübersetzung können Sprachmodelle dabei helfen, Texte mit hoher Genauigkeit von einer Sprache in eine andere zu übersetzen und so dabei helfen, Sprachbarrieren abzubauen.

Es ist jedoch wichtig zu bedenken, dass Sprachmodelle zwar
große Fortschritte bei der Generierung menschenähnlicher
Texte gemacht haben, sie jedoch nicht perfekt sind. Das
Verständnis des Modells für den Kontext und die Bedeutung
des Textes unterliegt immer noch Einschränkungen und kann
zu falschen oder anstößigen Ergebnissen führen. Daher ist es
wichtig, Sprachmodelle mit Vorsicht zu verwenden und stets
die Genauigkeit der vom Modell generierten Ausgaben zu
überprüfen.

Finanzielle Haftungsausschluss

Dieses Buch soll Ihnen helfen, die Welt des Online-Investierens
zu verstehen, Ihre Ängste vor dem Einstieg zu beseitigen und
Ihnen bei der Auswahl guter Investitionen zu helfen. Unser Ziel
ist es, Ihnen dabei zu helfen, die Kontrolle über Ihr finanzielles
Wohlergehen zu übernehmen, indem wir Ihnen eine solide
Finanzausbildung und verantwortungsvolle Anlagestrategien
bieten. Die in diesem Buch und in unseren Diensten
enthaltenen Informationen dienen jedoch nur der allgemeinen
Information und Bildungszwecken. Es ist nicht als Ersatz für
eine rechtliche, kommerzielle und/oder finanzielle Beratung
durch einen zugelassenen Fachmann gedacht. Das Geschäft mit
Online-Investitionen ist eine komplizierte Angelegenheit, die
für den Erfolg jeder Investition eine sorgfältige finanzielle Due
Diligence erfordert. Es wird Ihnen dringend empfohlen, die
Dienste qualifizierter und kompetenter Fachleute in Anspruch
zu nehmen, bevor Sie eine Investition tätigen, die sich auf Ihre
Finanzen auswirken könnte. Diese Informationen werden in
diesem Buch bereitgestellt, einschließlich der Art und Weise,
wie es erstellt wurde, und werden zusammenfassend als
„Dienste" bezeichnet.

Seien Sie vorsichtig mit Ihrem Geld. Verwenden Sie nur
Strategien, bei denen Sie beide die potenziellen Risiken
verstehen und mit denen Sie sich wohlfühlen. Es liegt in Ihrer

Verantwortung, klug zu investieren und Ihre persönlichen und finanziellen Daten zu schützen.

Wir glauben, dass wir eine großartige Gemeinschaft von Anlegern haben, die durch Investitionen finanziellen Erfolg erzielen und sich gegenseitig dabei helfen möchten. Dementsprechend ermutigen wir die Leute, in unserem Blog und möglicherweise in Zukunft auch in unserem Forum Kommentare abzugeben. Viele Menschen werden zu diesem Thema beitragen, es wird jedoch Zeiten geben, in denen Menschen unbeabsichtigt oder unabsichtlich irreführende, täuschende oder falsche Informationen bereitstellen.

Sie sollten sich NIEMALS auf Informationen oder Meinungen verlassen, die Sie zu diesem Buch oder einem Buch, auf das wir verlinken, lesen. Die Informationen, die Sie hier und in unseren Dienstleistungen lesen, sollten als Ausgangspunkt für Ihre EIGENE RECHERCHE zu verschiedenen Unternehmen und Anlagestrategien dienen, damit Sie eine fundierte Entscheidung darüber treffen können, wo und wie Sie Ihr Geld investieren.

WIR GARANTIEREN NICHT DIE RICHTIGKEIT, ZUVERLÄSSIGKEIT ODER VOLLSTÄNDIGKEIT DER IN DEN KOMMENTAREN, IM FORUM ODER IN ANDEREN ÖFFENTLICHEN BEREICHEN DES BUCHS ODER IN EINEM IN UNSEREM BUCH ERSCHEINENDEN HYPERLINK BEREITGESTELLTEN INFORMATIONEN.

Unsere Dienstleistungen sollen Ihnen dabei helfen, zu verstehen, wie Sie für sich selbst gute Investitions- und persönliche Finanzentscheidungen treffen können. Sie tragen die alleinige Verantwortung für die von Ihnen getroffenen Anlageentscheidungen. Wir übernehmen keine Verantwortung für Fehler oder Auslassungen im Buch, auch nicht in Artikeln oder Beiträgen, für in Nachrichten eingebettete Hyperlinks

oder für Ergebnisse, die sich aus der Verwendung solcher
Informationen ergeben. Wir haften auch nicht für Verluste oder
Schäden, einschließlich etwaiger Folgeschäden, die dadurch
entstehen, dass sich ein Leser auf Informationen verlässt, die
er durch die Nutzung unserer Dienste erhält. Bitte nutzen Sie
unser Buch nicht, wenn Sie keine Selbstverantwortung für Ihr
Handeln übernehmen.

Die US-Börsenaufsicht SEC (Securities and Exchange
Commission) hat zusätzliche Informationen zum Thema
Cyberbetrug veröffentlicht, die Ihnen helfen sollen, ihn zu
erkennen und wirksam zu bekämpfen. Weitere Hilfe zu Online-
Investitionsprogrammen und deren Vermeidung erhalten Sie
auch in den folgenden Büchern: http://www.sec.gov und
http://www.finra.org sowie http://www.nasaa.org Hierbei
handelt es sich jeweils um Organisationen, die zum Schutz von
Online-Investoren gegründet wurden.

Wenn Sie unsere Ratschläge ignorieren und keine unabhängige
Recherche zu den verschiedenen Branchen, Unternehmen und
Aktien durchführen, beabsichtigen Sie, in Informationen,
„Tipps" oder Meinungen aus unserem Buch zu investieren und
sich ausschließlich auf diese zu verlassen – Sie stimmen zu,
dass Sie dies getan haben Sie treffen eine bewusste,
persönliche Entscheidung aus Ihrem eigenen freien Willen und
werden unter keinen Umständen versuchen, uns für die daraus
resultierenden Ergebnisse verantwortlich zu machen. Die hier
angebotenen Dienstleistungen dienen nicht dazu, als Ihr
persönlicher Anlageberater zu fungieren. Wir kennen nicht alle
relevanten Fakten über Sie und/oder Ihre individuellen
Bedürfnisse und wir behaupten nicht, dass unsere Dienste für
Ihre Bedürfnisse geeignet sind. Wenn Sie eine persönliche
Beratung wünschen, sollten Sie einen registrierten
Anlageberater aufsuchen.

Links zu anderen Websites. Von Zeit zu Zeit können Sie über unsere Website auch auf andere Bücher verlinken. Wir haben keine Kontrolle über den Inhalt oder die Handlungen der Bücher, auf die wir verlinken, und haften nicht für alles, was im Zusammenhang mit der Nutzung dieser Bücher geschieht. Die Aufnahme von Links sollte, sofern nicht ausdrücklich anders angegeben, nicht als Befürwortung oder Empfehlung dieses Buches oder der darin geäußerten Ansichten angesehen werden. Sie, und nur Sie, sind dafür verantwortlich, jedes Buch sorgfältig zu prüfen, bevor Sie Geschäfte mit ihnen tätigen.

Haftungsausschlüsse und -beschränkungen: Unter keinen Umständen, einschließlich, aber nicht beschränkt auf Fahrlässigkeit, können wir oder unsere Partner (sofern vorhanden) oder eines unserer verbundenen Unternehmen direkt oder indirekt für Verluste oder Schäden jeglicher Art verantwortlich oder haftbar gemacht werden von oder im Zusammenhang mit der Nutzung unserer Dienste, einschließlich, aber nicht beschränkt auf direkte, indirekte, Folgeschäden, unerwartete, besondere, exemplarische oder andere Schäden, die daraus resultieren können, einschließlich, aber nicht beschränkt auf wirtschaftliche Verluste, Verletzungen, Krankheit oder Tod oder ähnliches andere Arten von Verlusten oder Schäden oder unerwartete oder negative Reaktionen auf hierin enthaltene Vorschläge oder auf andere Weise, die Ihnen im Zusammenhang mit Ihrer Nutzung von Ratschlägen, Waren oder Dienstleistungen, die Sie auf der Website erhalten, unabhängig von der Quelle verursacht oder angeblich entstanden sind, oder jedes andere Buch, das Sie möglicherweise über Links von unserem Buch aus besucht haben, auch wenn Sie auf die Möglichkeit solcher Schäden hingewiesen wurden.

Das geltende Recht erlaubt möglicherweise keine Beschränkung oder einen Ausschluss der Haftung oder von

Neben- oder Folgeschäden (einschließlich, aber nicht beschränkt auf verlorene Daten), sodass die oben genannte Einschränkung oder der Ausschluss möglicherweise nicht auf Sie zutrifft. Allerdings übersteigt die Gesamthaftung von uns Ihnen gegenüber für alle Schäden, Verluste und Klagegründe (sei es aus Vertrag, unerlaubter Handlung oder anderweitig) in keinem Fall den Betrag, den Sie uns gegebenenfalls für die Nutzung unserer Dienste gezahlt haben Dienstleistungen, falls vorhanden. Und durch die Nutzung unserer Website erklären Sie sich ausdrücklich damit einverstanden, uns nicht für Konsequenzen haftbar zu machen, die sich aus Ihrer Nutzung unserer Dienste oder der darin bereitgestellten Informationen zu irgendeinem Zeitpunkt oder aus irgendeinem Grund ergeben, unabhängig von den Umständen.

Haftungsausschluss für spezifische Ergebnisse. Unser Ziel ist es, Ihnen durch Bildung und Investitionen dabei zu helfen, die Kontrolle über Ihr finanzielles Wohlergehen zu erlangen. Wir bieten Strategien, Meinungen, Ressourcen und andere Dienstleistungen, die speziell darauf ausgelegt sind, den Lärm und den Hype zu durchbrechen und Ihnen dabei zu helfen, bessere persönliche Finanz- und Anlageentscheidungen zu treffen. Es gibt jedoch keine Garantie dafür, dass eine Strategie oder Technik zu 100 % wirksam ist, da die Ergebnisse von Person zu Person sowie von der Anstrengung und dem Engagement, die sie zur Erreichung ihres Ziels unternehmen, unterschiedlich sein können. Und leider kennen wir Sie nicht. Daher erklären Sie sich mit der Nutzung und/oder dem Kauf unserer Dienste ausdrücklich damit einverstanden, dass die Ergebnisse, die Sie durch die Nutzung dieser Dienste erhalten, ausschließlich Ihnen überlassen sind. Darüber hinaus erklären Sie sich ausdrücklich damit einverstanden, dass sämtliche Risiken der Nutzung und etwaige Folgen einer solchen Nutzung ausschließlich bei Ihnen liegen. Und dass Sie zu keinem

Zeitpunkt oder aus irgendeinem Grund versuchen werden, uns
haftbar zu machen, unabhängig von den Umständen.

Gemäß den gesetzlichen Bestimmungen können und werden
wir keine Garantie dafür geben, dass Sie durch die Nutzung der
über unser Buch erworbenen Dienste bestimmte Ergebnisse
erzielen können. Nichts auf dieser Seite, unserem Buch oder
einer unserer Dienstleistungen ist ein Versprechen oder eine
Garantie für Ergebnisse, einschließlich der Tatsache, dass Sie
einen bestimmten Geldbetrag oder überhaupt Geld verdienen
werden. Sie verstehen auch, dass alle Investitionen mit einem
gewissen Risiko verbunden sind Sie können beim Investieren
tatsächlich Geld verlieren. Dementsprechend dienen alle in
unserem Buch genannten Ergebnisse in Form von
Erfahrungsberichten, Fallstudien oder auf andere Weise
lediglich zur Veranschaulichung von Konzepten und sollten
nicht als Durchschnittsergebnisse oder Versprechen für
tatsächliche oder zukünftige Leistungen betrachtet werden.

bestimmte Ergebnisse oder Resultate aus der Verwendung der hier besprochenen Strategien und Techniken.

Erfahrungsberichte und Beispiele: Alle in diesem Buch präsentierten Erfahrungsberichte, Fallstudien oder Beispiele dienen nur der Veranschaulichung und garantieren nicht, dass die Leser ähnliche Ergebnisse erzielen. Der individuelle Erfolg beim Trading hängt von verschiedenen Faktoren ab, darunter der persönlichen finanziellen Situation, der Risikotoleranz und der Fähigkeit, die besprochenen Strategien und Techniken konsequent anzuwenden.

Urheberrechtshinweis: Alle Rechte vorbehalten. Kein Teil dieser Veröffentlichung darf ohne die vorherige schriftliche Genehmigung des Herausgebers in irgendeiner Form oder mit irgendwelchen Mitteln, einschließlich Fotokopie, Aufzeichnung oder anderen elektronischen oder mechanischen Methoden, reproduziert, verbreitet oder übertragen werden, außer im Fall kurzer Zitate in kritischen Rezensionen und bestimmten anderen nichtkommerziellen Nutzungen, die durch das Urheberrecht zulässig sind.

Marken: Alle in diesem Buch erwähnten Produktnamen, Logos und Marken sind Eigentum ihrer jeweiligen Inhaber. Die Verwendung dieser Namen, Logos und Marken bedeutet keine Billigung oder Zugehörigkeit zu den jeweiligen Eigentümern.